Zu diesem Buch

Gerade Eltern, die ihre sorgende und fördernde Rolle ernst
nehmen, stehen ihrer erzieherischen Aufgabe oft ratlos gegenüber. Sie wollen die Voraussetzungen dafür schaffen, daß ihr
Kind zu einer psychisch stabilen, ausgeglichenen und selbständigen Persönlichkeit heranwächst, fragen sich aber verunsichert,
welcher Weg ist der richtige?
   Das Elternbuch trägt dazu bei, daß Erziehung nicht zum
unlösbaren Problem oder zur lästigen Pflicht wird. Wissen-
schaftlich fundiert und leicht verständlich gibt es Auskunft über
Stufen und kritische Phasen der körperlichen, psychischen und
kognitiven Entwicklung des Kindes, über Erziehungsziele und
Erziehungsstile, über die möglichst konfliktfreie Abstimmung
des Familienlebens auf die besonderen Bedürfnisse des Kindes.

ULRICH DIEKMEYER, geboren 1940, Diplom-Psychologe und
Pädagoge, ist Leiter der Abteilung Frühpädagogik im Staatsin-
stitut für Frühpädagogik und Familienforschung in München.

Außerdem lieferbar:
Das Elternbuch 1 (rororo Sachbuch 9120)
Das Elternbuch 3 (rororo Sachbuch 9122)
Das Elternbuch 4 (rororo Sachbuch 9123)
Das Elternbuch 5 (rororo Sachbuch 9124)
Das Elternbuch 6 (rororo Sachbuch 9125)

Ulrich Diekmeyer

DAS ELTERNBUCH 2

Unser Kind im 2. Lebensjahr

Ärztliche Beratung:
Dr. med. Brigitte Mertin

Rowohlt

rororo – Mit Kindern leben

Umschlaggestaltung
Büro Hamburg / Jürgen Kaffer
(Foto: Wolfgang Kunz / Bilderberg)

138. – 143. Tausend Mai 1993

Vollständig überarbeitete und
erweiterte Neuausgabe
Veröffentlicht im Rowohlt Taschenbuch Verlag GmbH,
Reinbek bei Hamburg, März 1992
Copyright © 1973/1992 by Ulrich Diekmeyer
Alle Rechte vorbehalten
Satz Times PostScript Linotype Library, PM 4.0
Langosch Grafik + DTP, Hamburg
Gesamtherstellung Clausen & Bosse, Leck
Printed in Germany
1290-ISBN 3 499 19121 0

Inhalt

EINFÜHRUNG

Eltern sind die ersten Erzieher und Lehrer

Ihr Kind ist jetzt gerade dabei, seine ersten freien Schritte zu probieren. Vielleicht läuft es auch schon durch das Zimmer in Ihre Arme! Sie haben ein schwieriges Jahr hinter sich und können langsam aufatmen, denn nun ist Ihr Kind körperlich nicht mehr so empfindlich. Es wird von Tag zu Tag kräftiger, ißt mit Ihnen und will sich täglich unterhalten und spielen. Jeder Tag bringt neue Fortschritte.

Mit diesem zweiten Band der Elternbuch-Reihe besitzen Sie alle wichtigen Informationen, die Sie für die Entwicklung und Erziehung Ihres Kindes während des zweiten Lebensjahres benötigen. In unserer schnellebigen Zeit ist das so wichtig, weil Erziehungskonzepte zum Teil schon veraltet sind, noch bevor sie sich richtig durchsetzen können. «Moderichtungen» der Erziehung wollen wir in diesem Buch (und in der gesamten Elternbuch-Reihe) vermeiden. Wir gehen davon aus, daß sich die Anforderungen unserer Gesellschaft täglich ein wenig ändern. Alle Menschen müssen sich darauf vorbereiten und ständig mitändern. Um in der Erziehung die neuesten wissenschaftlichen Erkenntnisse anwen-

den zu können, brauchen alle Eltern eine solide Ausbildung. Diese wichtige Aufgabe der Gesellschaft wird gegenwärtig noch völlig unzureichend wahrgenommen. Das Fach «Erziehung» ist immer noch nicht verpflichtend für alle Schüler in den weiterführenden Schulen eingeführt, obwohl es immer dringlicher wird: immer weniger junge Elternpaare haben in ihrer Familie oder im Freundeskreis miterleben können, wie ein kleines Kind heranwächst.

Die Elternbuch-Reihe

Diese Lücke will diese Buchreihe schließen: Sie bringt für jedes der ersten sechs Lebensjahre einen eigenen Band, in dem Sie alle nötigen Informationen über die entsprechende Altersstufe finden. Um zu vermeiden, daß sich die einzelnen Bände in manchen Fragen inhaltlich überschneiden, werden bestimmte Themenbereiche in einem Band schwerpunktartig zusammengefaßt. Sie werden dann später nur kurz oder gar nicht mehr behandelt. In der Einführung zu jedem Band können Sie nachlesen, welche Themen in späteren

Insbesondere um Entwicklungsanregungen geht es im Elternbuch 2.

Bänden umfangreicher dargestellt sind. Ein Schwerpunktthema wird immer dann ausführlich behandelt, wenn erstmals Veranlassung besteht, etwas darüber zu schreiben. In den drei ersten Bänden dieser Reihe gibt es folgende Schwerpunkte:

♦ Elternbuch 1: Ernährung; körperliche Entwicklung einschließlich Früherkennungsuntersuchungen und Impfungen; Entwicklungsanregungen (Förderung aller Persönlichkeitsbereiche).

♦ Elternbuch 2: Spielen und Spielzeug; Entwicklungsanregungen; Kinderkrankheiten.

♦ Elternbuch 3: Ernährung im Vorschulalter; Sexualität; Erziehungsziele, Erziehungsstile; Entwicklungsanregungen.

Weitere Themen des Elternbuchs 2

Neben den oben erwähnten Schwerpunktthemen gibt das Elternbuch 2 Auskunft über den Normalverlauf der körperlichen Entwicklung, die geeignete Ernährung, den Normalverlauf der psychischen Entwicklung, die Sauberkeitserziehung, ferner über das Verhältnis der Geschwister zueinander (welche Rolle spielt der Altersunterschied? Welche Verhaltensweisen sind gegenüber älteren oder jüngeren Geschwistern zu erwarten? Welche Möglichkeiten haben die Eltern, ausgleichend zu wirken?).

Danach folgt ein Tagebuch. Sie füllen es nicht nur für sich aus. Denken Sie daran, daß Ihr Kind eines Tage nachlesen möchte, wie es sich in einer Zeit verhalten hat, an die es nur noch sehr wenige bewußte Erinnerungen hat.

In den Entwicklungsanregungen finden Sie im wesentlichen dieselben Bereiche wie in Elternbuch 1: Wahrnehmen, Tasten, Sprechen, Denken und Kreativität, Wissen, Motorik, Selbstgefühl, emotionales Verhalten, soziales Verhalten. In einer besonderen Einführung für diesen Teil (vgl. S. 106) ist begründet, warum die einzelnen Bereiche nacheinander dargestellt werden.

Sollten Sie das Elternbuch 1 nicht besitzen, so können Sie ohne weiteres auch mit Band 2 beginnen. Wenn Sie an der einen oder anderen Stelle neugierig auf Band 1 werden, können Sie ihn ja vielleicht einmal von einer befreundeten Familie ausleihen und die wichtigsten Teile kurz nachlesen.

Die Buchreihe ist für Sie und Ihr Kind nicht nur wegen der praktischen Tips wichtig, sondern vor allem deshalb, weil Sie die Entwicklungsanregungen auch beim besten Willen nicht durch Ihre eigenen Einfälle ersetzen können. Manche Übungen und Anregungen mögen Ihnen selbstverständlich erscheinen, und Sie denken dann vielleicht: «Das hätte ich doch auch getan, ohne vorher etwas darüber gelesen zu haben.» Aber erst wenn Sie tatsächlich alle Anregungen wiederholt mit Ihrem Kind in diesem Jahr durchspielen, wird es optimal gefördert. Das gilt auch für die weiteren Lebensjahre Ihres Kindes. Erinnern Sie sich bitte noch einmal an das, was wir anfangs sagten: In unserer sich immer schneller verändernden Welt können Sie die Förderung Ihres Kindes nicht mehr dem Zufall überlassen!

Zum Schluß enthält Elternbuch 2 noch einige Übersichten, u. a. ein Stichwort- und Literaturverzeichnis.

Praktische Hinweise

Hier noch einige praktische Tips für den Gebrauch dieses Buches: Machen Sie es sich zur Regel, das Elternbuch 2 mehrmals in der Woche zur Hand zu nehmen. Lesen Sie Kapitel, die Sie gerade besonders interessieren. Es ist nicht notwendig, daß Sie das Buch «in einem Zug» intensiv durchlesen. Aber legen Sie es an einen Platz, den Sie täglich im Blickfeld haben. Und denken Sie daran, die Entwicklungsanregungen regelmäßig durchzuführen. (Ihr Kind kann nicht alles auf einmal nachholen!) Bitte denken Sie auch daran: Alle Altersangaben in diesem Band sind

nur als Anhaltspunkt gedacht. Jedes Kind entwickelt sich anders. Nur bei absolut gleichen Umwelteinflüssen und Erbanlagen wäre es möglich, präzise Erwartungen an ein bestimmtes Alter zu stellen. Gehen Sie also davon aus, daß Abweichungen von ein oder zwei, zum Teil sogar von drei Monaten völlig unbedenklich sind. Erst wenn sich in mehreren Bereichen deutlich Abweichungen von unseren Richtwerten ergeben, sollten Sie einen Arzt oder Kinderpsychologen um eine genauere Auskunft oder Beobachtung des Entwicklungsstandes Ihres Kindes bitten. Noch einen Hinweis zum Schluß: Dieses Buch wendet sich an Mütter und Väter in gleicher Weise. Jeder von Ihnen sollte sich mit Erziehungsfragen auseinandersetzen und sich bei der Förderung der Entwicklung intensiv beteiligen.

In der Regel sprechen wir Sie ganz persönlich an. Mit diesem «Sie» sind meistens beide Eltern, Vater und Mutter, gemeint. Fast alle Aufgaben, Spielanregungen und Beschäftigungen können ja von beiden Eltern übernommen werden.

Mehrmals wurde diskutiert, wie vom Kind selbst gesprochen werden sollte. Eher abgelehnt wurden Bezeichnungen wie «Baby» oder «das Kleine», weil diese Ausdrücke mehr oder weniger verschleiern, daß es sich bereits von Anfang an um einen «ganzen»

Menschen, eine Persönlichkeit, handelt. Auch die Bezeichnung «Ihr Kind» kann nicht voll befriedigen, obwohl wir sie im allgemeinen verwenden. Das Fürwort «Ihr» soll keinesfalls Besitzansprüche zum Ausdruck bringen oder begründen!

Die Elternbuch-Reihe wurde bereits in den siebziger Jahren entwickelt. Zur Konzeption hat damals Werner Kirst beigetragen, an den ersten Typoskripten waren als Mitarbeiter Beate Diele, Sylvia Erhard, Helmut Knüpfer und Hannelore Potthof beteiligt, denen an dieser Stelle vielmals gedankt sei. Herzlich sei hier auch Dr. Brigitte Mertin gedankt, die den Autor mit Geduld ärztlich beriet.

Aufgrund der Weiterentwicklung medizinischer und psychologischer Erkenntnisse, der Veränderung der gesamten gesellschaftlichen Situation sowie der Familien und der Familienformen war eine deutliche Erweiterung des Elternbuchs 2 erforderlich geworden, ferner eine Neubearbeitung wesentlicher Textteile.

Die größere Differenzierung der Gesellschaft, die Berücksichtigung der verschiedenen Familienformen im einzelnen und der Regionen innerhalb des deutschen Sprachraums können im Elternbuch 2 aufgrund des beschränkten Raums nur angeschnitten werden – aber die Übertragung der Zielsetzungen und der wichtigen Inhalte auf Ihre Lebenssituation wird Ihnen sicher keine größeren Schwierigkeiten bereiten. Wenn Sie dem Autor eine wichtige Anregung weiterleiten möchten, die bei einer Neuauflage berücksichtigt werden sollte, schreiben Sie bitte über den Verlag – schon jetzt dafür herzlichen Dank!

Gut erziehen heißt, daß Sie immer mit Ihrem Kind mitfühlen, mitdenken und beim Handeln von seinen Bedürfnissen und seinen Möglichkeiten ausgehen: wenn das Elternbuch 2 dazu beiträgt, hat es sein Ziel erreicht.

DER KÖRPER
DES KINDES

So verändert sich der Körper
im zweiten Lebensjahr

Kennzeichen der motorischen Entwicklung

Eine sehr einschneidende Veränderung im Leben des einjährigen Kindes ist der Übergang zur aufrechten Haltung. Natürlich geschieht das nicht von heute auf morgen. Es müssen viele Schritte bewältigt werden, bis das Kind relativ mühelos stehen und gehen kann. Die Geschwindigkeit, mit der die einzelnen Stadien durchlaufen werden, ist von Kind zu Kind verschieden. Das eine verharrt auf einer Stufe vielleicht nur so kurz, daß man den Eindruck hat, es überspringe sie. Dafür verweilt es möglicherweise um so länger auf einer anderen. Wenngleich die Dauer der einzelnen Entwicklungsschritte individuell sehr unterschiedlich ist, ist die Abfolge bei vielen Kindern gleich, da sie überwiegend durch Wachstums- und Reifungsfaktoren bestimmt wird. Wenn einzelne Phasen übersprungen werden, so kann es auch daran liegen, daß die für dieses Alter erforderlichen Entwicklungsanreize fehlen.

Umwelteinflüsse, das intensive Beschäftigen mit dem Kind können beschleunigend auf die motorische Entwicklung wirken. Sie sind natürlich nur dann erfolgreich, wenn der Körper (Knochen, Muskeln, Nervensystem) die nötigen Voraussetzungen entwickelt hat. Wenn dies nicht der Fall ist, kann eine vorzeitige Übung nur eine vorübergehende Leistungsverbesserung bewirken oder sogar schädlich sein. Andererseits genügt es auch im motorischen Bereich nicht, das Kleinkind einfach sich selbst zu überlassen. Seine spontane Aktivität bedarf der regulierenden Anleitung durch den Erwachsenen, damit seine Fertigkeiten den bestmöglichen Stand erreichen. Eine sehr wichtige Rolle spielt dabei die Motivation: Ein Kind, das nicht durch Lob und Zuspruch ermutigt wird, verwendet weniger Energie und Ausdauer auf den Erwerb von Fertigkeiten. Auch kann der Erwachsene dem Kind aus Selbstüberforderung resultierende Enttäuschungen ersparen: Er kann Situationen schaffen, in denen sich das Kind als leistungsfähig erlebt, und andererseits sein Leistungsvermögen durch Übung so entwickeln, daß es ähnliche Fähigkeiten hat wie gleichaltrige Spielgefährten.

Das Laufenlernen

Zwischen dem 11. und 15. Monat sind die Kinder gewöhnlich in der Lage, die ersten freien Schritte zu machen und zu gehen bzw. zu laufen. Die Voraussetzungen dazu werden bereits in den Monaten davor erworben, das selbständige Aufsetzen, das Krabbeln, das Sichhochstemmen an Schubladen, Stühlen oder ähnlichem, das Entlangtasten (und -laufen) an einer Griffleiste oder einer niedrigen Tischkante usw.

Mit einem Jahr kann es schon recht lange stehen, wenn es sich irgendwo festhalten kann. Die meisten Kinder können auch kurz ohne Stütze stehen und mit Hilfe anderer laufen. Bei all diesen Entwicklungsschritten bis hin zum freien Laufen kann man viele einzelne Teilschritte beobachten und auch durch Fotos festhalten. Eine derartige Beobachtungsreihe selbst zu machen ist eine gute Hilfe für das eigene Verstehen der Entwicklung. Vielfältige Versuche, «kleine Schritte», «Beharrlichkeit» des Kindes kann man beobachten, auch immer wieder Korrekturen, wenn ein Versuch nicht zum Ziel geführt hat. Und das gilt für alle Lernbereiche. Das Kind muß sich selbst jeden Schritt erarbeiten, Verbesserungen erproben, es kann dabei kleine Hilfen des Erwachsenen brauchen, seine eigene Initiative darf aber nie eingeengt werden. Das schnelle Lernen bedeutet manchmal ein Überspringen einzelner Teilschritte, so daß später die Selbstverständlichkeit aller Teilschritte fehlt (und zu Fehlern führen kann).

Die nächsten Schritte beim Laufenlernen sind: Das Kind gewinnt größere Sicherheit mit einer Hilfe (Griffleiste, Tischkante), es wird schneller in der Bewegung, es steht einige Zeit frei, es riskiert die ersten freien Gehversuche. Dabei sind die Schritte kurz und unregelmäßig, die Fersen und die Fußballen berühren den Boden, oder das Kind trippelt. Bei seinen ersten freien Schritten streckt das Kind die Arme seitlich weg oder nach oben, um das Gleichgewicht zu halten. Die Beine bleiben steif, die Füße werden nach außen gewendet. Es verliert noch leicht das Gleichgewicht.

Mit eineinhalb Jahren stolpert es nur noch selten. Die Schrittlänge wird jetzt größer. Allmählich setzt es seine Füße parallel. Mit rund 18 Monaten sind die Schritte ziemlich regelmäßig. Das Kind läuft zielsicher geradeaus und braucht dafür immer weniger Energie. Es kann Treppen steigen, indem es zunächst immer den gleichen Fuß hebt und den anderen nachzieht. Mit zwei Jahren läuft es rhythmisch ausgewogen. Es nimmt nun auch den zweiten Fuß, noch bevor der erste fest auf dem Boden ruht. Wenn es etwas aufheben will, bückt es sich, anstatt sich hinzuhocken.

Andere Fertigkeiten

Auch die übrigen Muskelgruppen
können im zweiten Lebensjahr
immer besser kontrolliert werden.
Das Zusammenspiel von Auge und
Hand wird genauer, so daß das
Kind geschickter im Umgang mit
Werkzeugen und Instrumenten
wird (Löffel, Tasse, Teller usw.).
Bald will es beim An- und Auszie-
hen helfen. Seine Bewegungen
werden immer gezielter und
bewußter. Es kritzelt nicht mehr
einfach mit dem Bleistift auf dem
Papier herum, sondern kann
einzelne Striche ziehen und
unterschiedlich geformte Holzklöt-
ze in die entsprechenden Löcher
eines Spielbrettes stecken. Mit
eineinhalb Jahren überwiegen
jedoch noch die großen, weitausho-
lenden Bewegungen. Das Kind
hantiert vorwiegend mit dem
ganzen Arm. Das liegt daran, daß
es die Handgelenke noch nicht
gezielt steuern kann. Es macht
noch keinen großen Unterschied
zwischen rechts und links, beide
Hände sind gleich geschickt. (Die
Betonung einer Körperhälfte
beginnt frühestens im dritten
Lebensjahr. Erst von diesem
Zeitpunkt an bevorzugt Ihr Kind
eine Hand beim Greifen, zum
Malen usw.)
    Mit zwei Jahren hat die Ge-
schicklichkeit der Hände große
Fortschritte gemacht. Das Kind
nimmt gerne Dinge auseinander
und fügt sie wieder zusammen. Es
kann beide Hände unabhängig
voneinander betätigen und abwechselnd die rechte oder die linke
Hand benützen.

Motorik und kindliche Persönlichkeit

Hat ein Kind gut entwickelte
körperliche Fähigkeiten, so ist es in
jeder Hinsicht einem weniger
selbständigen, ungeschickteren
Altersgenossen überlegen. Denn in
diesem Jahr wird die Welt noch in
erster Linie durch direkte körperliche Eindrücke erfahren. Je besser
die Motorik ausgebildet ist (sein
koordiniertes Greifen, seine
Fortbewegungsmöglichkeiten, die
Sicherheit und Kraft der Bewegungen), desto genauer kann das Kind
seine Umgebung untersuchen.
Deshalb besteht in diesem Alter
ein enger Zusammenhang zwischen
Intelligenz (kognitiver Leistungsfähigkeit) und Motorik. Auch sein
Selbstbewußtsein wird zunehmend
gestärkt, wenn ihm dank seiner
körperlichen Fortschritte immer
neue Erfolge gelingen. Es wird
unabhängiger und sicherer und
erkundet die Umwelt ohne über-
mäßige Angst vor Gefahren.

Körperbau

Im Laufe des zweiten Lebensjahres
gliedert sich der Körper, er streckt
sich. Der Kopf wirkt nicht mehr so
groß. Hals, Arme, Hände, Beine
und Füße verlieren die Speckfalten

und Fettpolster. Die Füße sind im Verhältnis zum Körper noch ziemlich klein. Das Kind wächst zwischen dem ersten und zweiten Geburtstag um etwa 12 cm und nimmt durchschnittlich 2 kg zu. Jungen sind am Ende des zweiten Lebensjahres meist bis zu einem Pfund schwerer als Mädchen.

Skelett, Gehirn, Herz und Kreislauf

Das Skelett wird fester, der Knochenbau in den Proportionen dem des Erwachsenen ähnlicher. Die Wirbelsäule zeigt bereits Andeutungen der späteren normalen Krümmung, die mit sieben Jahren erreicht wird. Bis dahin hat das Kind noch die sogenannte Hohlkreuzhaltung. Hüft- und Kniegelenke sind noch etwas gebeugt.

Die an den Gelenken vorhandenen Knorpel «verknöchern» immer mehr. Die große Fontanelle schließt sich bei 50 Prozent aller Kinder bis zum 18. Monat. Wenn sie am Ende des zweiten Lebensjahres noch immer nicht geschlossen ist, sollten Sie mit Ihrem Kinderarzt darüber sprechen. Der Kopfumfang nimmt um 2 cm zu, und das Aussehen des Gesichts verändert sich, weil der Hirnschädel nun langsamer als der Gesichtsschädel wächst. Das Gehirn nimmt weiter rasch an Masse zu. Am Ende des zweiten Lebensjahres hat es bereits drei Viertel seines späteren Gewichts erreicht. Die einzelnen Teile des Gehirns entwickeln sich unterschiedlich schnell. Während des zweiten Lebensjahres bilden sich vor allem das Großhirn und das Kleinhirn sehr intensiv aus. Dadurch sind die enormen Fortschritte des Kindes in seiner Körperbeherrschung (die vom Kleinhirn kontrolliert wird) und die großen Lernschritte (vom Großhirn bestimmt) möglich.

Zähne

Mit einem Jahr hat das Kind gewöhnlich die vier oberen und zwei bis vier untere Schneidezähne. Die restlichen Milchzähne (insgesamt sind es 20, erst später wachsen insgesamt 32 bleibende Zähne nach) brechen im Laufe des zweiten Jahres in folgender Reihenfolge durch: Nach einer Pause von drei bis vier Monaten kommen zuerst oben und dann unten die vorderen Backenzähne. Der letzte obere Backenzahn wächst gewöhnlich im 18. Monat, bald gefolgt von den Eckzähnen. Gegen Ende des zweiten oder am Anfang des dritten Lebensjahres brechen schließlich als letzte die hinteren unteren Backenzähne durch. Die Reihenfolge, in der die Zähne erscheinen, ist im wesentlichen anlagebedingt. Kieferverformungen entstehen überwiegend durch falsch geformte Schnuller, ständiges Daumenlutschen oder anhaltendes Nagen an irgendwelchen Gegenständen.

Gewöhnlich verläuft der Zahndurchbruch ohne Komplikationen. Empfindliche Kinder sind möglicherweise unruhiger und leichter erregbar in dieser Zeit, manche haben Eß- und Schlafstörungen. Vor allem der Durchbruch der letzten Backenzähne bereitet vielen Kindern körperliches Unbehagen. Das sogenannte «Zahnfieber» während des Zahnens ist meistens eine gleichzeitig bestehende Erkältung oder Infektion.

Gesunde Kindermenüs, appetitlich zubereitet

Wieviel soll Ihr Kind essen?

Ein Kind im zweiten Lebensjahr hat einen täglichen Kalorienbedarf von 1000 bis 1250 Kalorien. Diese Menge sollte nur überschritten werden, wenn das Kind einmal besonders hungrig ist und von sich aus mehr verlangt. In den nächsten Tagen kann das ja mit etwas kalorienärmeren Mahlzeiten wieder ausgeglichen werden. Hüten Sie sich vor einer Überfütterung Ihres Kindes. Es weiß genau, wann es satt ist und nichts mehr braucht. Sie sollten ihm dann nicht noch etwas «hineinstopfen» wollen. So erziehen Sie ihm nur schlechte Eßgewohnheiten an, so daß es später dick wird oder auch dick bleibt. Diese Nachteile, die zu dicke Kinder haben, wollen Sie sicher vermeiden:
– Die Muskulatur wird wenig ausgebildet, weil das Kind zu passiv ist und sich selten bewegt.
– Dadurch entstehen unter anderem auch Haltungsschäden.
– Es ist nachgewiesen, daß dicke Kinder gegen Infektionen nicht so widerstandsfähig sind wie schlanke, muskulöse.

Genauere Informationen über die Kinder psychisch belastende Fettsucht finden Sie über das Register, S. 218.

Was kann Ihr Kind essen?

Das einjährige Kind kann praktisch mit den Eltern alles essen. Wenn erst einmal die Backen- und Eckzähne da sind, brauchen Sie die Speisen auch nicht mehr so zu zerkleinern wie vorher. Wenigstens eine Mahlzeit am Tag sollte es zusammen mit den Erwachsenen einnehmen. Sein Speiseplan kann etwa so aussehen:
– zum Frühstück Brei oder Müsli, aber auch Brot (Schwarzbrot, Vollkornbrot) mit Butter, Wurst, Käse oder Marmelade, dazu eine Tasse Milch oder Kakao;
– als zweites Frühstück Obst oder Kompott;
– mittags Gemüse, Kartoffeln (Reis oder Nudeln), Fleisch (auch Geflügel oder Fisch), eventuell eine Nachspeise (Quark, Joghurt usw.);
– nachmittags Tee, Saft oder

Kakao, dazu Kekse oder Zwieback;
– abends Brei oder belegtes Brot
mit einem Becher Milch oder
Tee.

Auf die Zwischenmahlzeiten
können Sie verzichten, wenn das
Kind keinen Appetit hat. Fragen
Sie es aber jeweils, ob es etwas
haben möchte. Geben Sie ihm statt
Süßigkeiten lieber Obst und Quark.
Das sind Dinge, die auch süß
schmecken, aber gesünder sind und
Eiweiß enthalten.

Welche Nahrungsmittel
sind wichtig?

Gemüse und Obst enthalten viele
Vitamine, Mineralstoffe und
Spurenelemente. Brot ist eine
wichtige Energiequelle wegen
seiner Kohlenhydrate, ebenso
geeignet sind Kartoffeln und
Hülsenfrüchte. Fleisch und Fisch,
Quark, Käse, Milch, Joghurt und
Eier sind wegen ihres hohen
Eiweißgehaltes wertvoll. Besonders
geeignete Fette in diesem Lebensalter sind Maiskeimöl, Sonnenblu-
menöl und Distelöl.

Sie ernähren Ihr Kind richtig, wenn
Sie auf eine ausgewogene Misch-
kost achten. Nehmen Sie dabei
zugleich Rücksicht auf die Ge-
schmacksrichtungen, die Ihr Kind
entwickelt hat, sonst verderben Sie
ihm den Appetit. Schwerverdauli-
ches oder scharfgewürzte Dinge

etwa gehören noch nicht auf den
Speiseplan. Erst im dritten Lebensjahr ist das kindliche Verdauungs-
system kräftig genug, um auch mit
solchen Nahrungsmitteln ohne
Störungen fertig zu werden.

Vermeiden Sie
– sehr fetthaltige Speisen wie
Sahne- und Buttercremetorten,
ölige Salate, fette Wurst und
fetten Käse, Fleisch und Kartoffeln, die in viel Fett gebraten
wurden,
– Schokolade und andere Süßigkeiten in großen Mengen,
– stark gesalzene und scharf
gewürzte Speisen (würzen Sie
soweit wie möglich mit Kräu-
tern).

Fertigmahlzeiten

Sie sollten Ihrem Kind Baby-
Fertigkost nur noch zu Beginn des
zweiten Lebensjahres geben. In den
sogenannten «Juniorenmenüs» sind
Fleisch und Gemüse nicht mehr so
stark zerkleinert. Das Kind hat ja
schon Zähnchen, die betätigt
werden sollen.

Das Kauen ist gut für die Entwicklung der Zähne. Der Speichelfluß
verhindert Karies, weil dabei die
Zähne gereinigt werden (freilich
auch durch Zähneputzen). Schließlich wird durch den Speichel auch
die Nahrung besser zersetzt und
ausgenützt.

Was soll das Kind trinken?

Kinder haben einen sehr großen Flüssigkeitsbedarf. Während des Wachsens laufen die Stoffwechselvorgänge beschleunigt ab; außerdem ist die Hautoberfläche im Verhältnis zum Gewicht größer als die eines Erwachsenen, und dadurch verdunstet der Körper relativ mehr Flüssigkeit. Geben Sie Ihrem Kind also immer zu trinken, wenn es Durst hat. Es braucht im zweiten Lebensjahr bis zu eineinhalb Liter Flüssigkeit pro Tag. Die eine Hälfte davon wird durch Getränke gedeckt, die andere ist in den Nahrungsmitteln enthalten.

**Wenn Ihr Kind nur lustlos ißt,
hilft vielleicht ein «Augenschmaus».**

Den Durst soll es jedoch nicht mit
Milch löschen, da mehr als ein
halber Liter täglich für den
kindlichen Organismus schwer zu
verarbeiten ist. Am besten wechseln Sie zwischen dünnen, ungesüß-
ten Kräutertees, Mineralwasser
und Obstsaft ab.

Essensgewohnheiten

Sobald ein Kind sicher sitzen kann,
sollten Sie es auf einem höheren
Stuhl an den gemeinsamen Mahlzeiten teilnehmen lassen. Anfangs
wird es natürlich noch viele
Kleckereien geben.

Nach und nach können Sie es auf einige Tischsitten hinweisen, ohne ihm damit den Spaß am Essen zu verderben. Es sollte z. B. nicht während des Essens aufstehen und spielen. Selbstverständlich kann es aber den Tisch verlassen, wenn es mit dem Essen fertig ist. Denn Ruhepausen oder besinnliche Minuten liebt Ihr Kind nicht. Sobald es nicht mehr aktiv sein kann, wird es zwangsläufig unruhig.

Neugierig sucht es dann nach Abwechslung, indem es Teller und Tassen als Spielzeug gebraucht. Und wenn Sie es dann tadeln, fühlt es sich dadurch eingeengt und protestiert. Es erprobt, ob Sie bei einem anderen Gegenstand (oder auch später bei demselben) wieder ablehnend reagieren. Kurz, es verschafft sich in jedem Fall Unterhaltung. Auch Tischgespräche werden ihm verleidet, wenn Sie keinen Spaß verstehen und es daran hindern, interessante Erfahrungen und Experimente zu machen.

Vielleicht hat es auch schon beobachtet, daß Sie selbst gelegentlich vor Ihrem Ehepartner den Tisch verlassen, und sei es nur, um etwas zu holen, was vergessen wurde. Ihr Kind versteht dann nicht, warum ihm etwas verboten wird, was Sie selbstverständlich tun.

Ißt Ihr Kind weniger, als Ihnen angemessen erscheint, sollten Sie es nicht dazu zwingen, seinen Teller leer zu essen. Es hat sich ja nicht selbst die gewünschte Menge genommen. Kochen Sie nicht sofort sein Lieblingsgericht, sondern beobachten Sie es. Der Appetit stellt sich oft nach einigen Tagen von selbst wieder ein. Manchmal genügt es auch schon, wenn das Essen für das kindliche Auge mal zur Abwechslung lustig garniert wird. Bleiben Ihre Bemühungen trotzdem erfolglos, braucht es vielleicht mehr Bewegung in frischer Luft. Wenn auch das den Appetit nicht steigern sollte, wenden Sie sich an Ihren Kinderarzt.

Körperpflege und Gesundheitsvorsorge

Durch die größere Bewegungsfreiheit und Neugier kommt Ihr Kind im zweiten Lebensjahr ständig mit Sand, Erde, Staub und dergleichen in Berührung. Mediziner und Psychoanalytiker vertreten im Hinblick auf Hygiene etwas unterschiedliche Standpunkte: die einen betonen mehr, daß im «Schmutz» auch Krankheitserreger und schädliche Stoffe enthalten sind, während die anderen auf die mit pedantischer Hygiene verbundenen Zwänge verweisen. Vielleicht versuchen Sie, zwischen diesen Standpunkten den goldenen Mittelweg einzuschlagen.

Frische Luft und Sonne

♦ Im Sommer kann Ihr Kind den ganzen Tag im Freien spielen. Bei Sommerhitze muß es allerdings in der Zeit zwischen 10 und 17 Uhr wegen der schädlichen ultravioletten Strahlung unbedingt einen Sonnenschutz (Hütchen, Schirmmützchen) tragen oder ständig im Halbschatten bleiben. Auch den Mittagsschlaf kann es draußen im Schatten verbringen. Die nackten Körperstellen Ihres Kindes sollten Sie immer mit einer Sonnen- oder Witterungsschutzcreme (Lichtschutzfaktor 4–6) einreiben, wenn Sie mit ihm ins Freie gehen.

♦ Große Freude haben Kinder an einem Planschbecken, das Sie auf dem Balkon oder auf der Terrasse aufstellen. Für ein kleines aufblasbares Becken oder eine Plastikwanne finden Sie in jedem Fall Platz, doch dürfen Sie Ihr Kind nie unbeobachtet im Wasser spielen lassen; denn selbst wenn das Becken oder die Wanne nur mit wenig Wasser gefüllt ist, könnte Ihr Kind darin ertrinken – dann nämlich, wenn es mit dem Gesicht nach unten fällt, darüber heftig erschrickt und sich nicht sofort aus der lebensbedrohenden Lage befreit. Nach dem Planschen, das nicht länger als 20 Minuten dauern sollte, frottieren Sie Ihr Kind gut ab.

♦ Wenn es auf dem Balkon spielt, müssen Sie dafür sorgen, daß es nicht über das Geländer steigen oder zwischen den Gitterstäben hindurchklettern kann. Lassen Sie keine Gegenstände auf dem Balkon herumstehen, auf die es möglicherweise steigt, um besser nach unten sehen zu können. In jedem Fall ist

es das beste, den Balkon zusätzlich mit einer geeigneten Schutzvorrichtung zu sichern (z. B. mit einem feinmaschigen Netz bis zu einer Höhe von 1,60 m, das um das ganze Geländer herumführt). Auch dann sollten Sie Ihr Kind aber nicht unbeobachtet lassen. Wenn Sie sich selbst mit einer Arbeit auf den Balkon setzen, kann sicher nichts passieren – und Ihr Kind freut sich über Ihre Anwesenheit.

♦ Besuchen Sie nicht nur Parks und Spielplätze (sofern Sie in der Stadt wohnen), fahren Sie auch oft ins Grüne. Dort ist die Luft besser, und Ihr Kind erlebt die Atmosphäre der «echten» Natur.

♦ Lassen Sie es auch im Winter wenigstens eine Stunde täglich im Freien spielen. Das ist die beste Abhärtung gegen Erkältungen und Grippe. Natürlich muß es dann sehr warm und wasserfest angezogen sein. Im zweiten Lebensjahr kann es auch schon extreme Wetterverhältnisse kennenlernen. Gehen Sie ruhig mit ihm an die Luft, wenn es einmal stark regnet, neblig ist oder Frost bis zu 10 Grad minus herrscht. Natürlich muß es bei starker Kälte die Möglichkeit haben, sich viel zu bewegen, damit es nicht friert.

Baden und Waschen

Im zweiten Lebensjahr muß Ihr Kind fast täglich gebadet werden, und zwar am besten abends. (Wenn es einmal mittags schon völlig verschmutzt mit Ihnen nach Hause kommt, darf es natürlich auch gleich ins Badewasser.) Lassen Sie es nie allein im Bad, legen Sie sich daher vor dem Waschen alle notwendigen Gegenstände bereit. Nehmen Sie sich auch genügend Zeit, denn das Baden soll ein Vergnügen sein, das Ihr Kind jederzeit gerne mitmacht. Dazu gehört auch, daß es Schwimmtiere mit in die Wanne nehmen darf und daß das Wasser eventuell durch einen geeigneten Badezusatz in ein Schaumbad verwandelt wird. Waschen Sie von oben nach unten, Kopf, Hals, Oberkörper, Arme, Unterkörper und Geschlechtsteile, Beine und Füße. Bei Mädchen werden die Geschlechtsteile immer von vorn nach hinten gewaschen und nach dem Bad mit einem öligen Wattebausch gereinigt. Danach duschen Sie Ihr Kind mit klarem Wasser ab, das ruhig 10 Grad kälter als das zwischen 33 und 37 Grad warme Badewasser sein darf. Wenn Sie einen ölhaltigen, pflegenden Badezusatz benützen, können Sie auf dieses letzte Duschen verzichten. Anschließend rubbeln Sie das Kind fest ab. Trocknen Sie die Hautfalten besonders gut ab, damit hier kein Wundsein entsteht. Nach dem Abtrocknen reiben Sie den ganzen Körper mit einer Hautmilch ein, falls Sie keinen ölhaltigen Badezusatz verwendet haben. Manche

![Wickeltisch mit Micky-Maus-Puppe und Pflegeartikeln]

Kinder trinken Badewasser lieber als eine Tasse Schokolade. Lenken Sie dann Ihr Kind durch Spielanregungen während des ganzen Badens mit Schiffchen, Ente usw. ab, und verwenden Sie keinen Badezusatz mehr, bis Ihr Kind diese «Vorliebe» vergißt.

Morgens können Sie sich mit einer kleinen «Katzenwäsche» begnügen: Das Gesicht und der Hals werden mit dem Gesichtswaschlappen gesäubert, der After und die Geschlechtsteile mit einem anderen Lappen. Waschen Sie die Hände Ihres Kindes (wie vor jeder

Mahlzeit), und reinigen Sie die Fingernägel mit einer weichen Bürste.

Diese Pflegeartikel brauchen Sie für Ihr Kind täglich

– Eine kleine Handbürste,
– Seife (möglichst rückfettend),
– eine ärztlich empfohlene Kinderzahnbürste,
– Kinderzahnpasta mit Fluor, die gut schmeckt,
– einen unzerbrechlichen Kinderzahnputzbecher,
– zwei Waschlappen (Gesichtswaschlappen und Körperwaschlappen),
– zwei Handtücher.

Haarpflege und Haarwäsche

Beim Kämmen kann die zarte Kopfhaut leicht gereizt werden. Daher sollten Sie eine weiche Bürste zur Haarpflege benützen. Waschen Sie die Haare Ihres Kindes ein- bis zweimal in der Woche mit einem sehr milden Haarwaschmittel, das nicht in den Augen brennt. Kurze Haare brauchen Sie anschließend nur abzufrottieren. Lange Haare können entweder an der Sonne trocknen oder kurz gefönt werden. Auf keinen Fall darf Ihr Kind zu lange mit nassen Haaren herumlaufen, da sonst der Kopf unterkühlt wird.

Wenn Ihr Kind Schorf hat, müssen Sie das vom Arzt behandeln lassen (vgl. Schorf in Elternbuch 1).

Nagelpflege

Halten Sie die Fingernägel Ihres Kindes immer kurz, damit sich kein Schmutz darunter ansammelt (es steckt ja die Finger noch ziemlich oft in den Mund) und es sich nicht zerkratzen kann. Fingernägel werden am besten rund geschnitten, die Zehennägel gerade. Achten Sie bei der Schneideprozedur darauf, daß Ihr Kind sich bei einer plötzlichen Bewegung nicht verletzt (abgerundete Scherenspitze).

Die Nagelhäute dürfen nur zurückgeschoben, aber nicht geschnitten werden. Reinigen Sie beim abendlichen Bad täglich Fuß- und Fingernägel mit einer Bürste.

Zahnpflege

Die Zahnpflege macht Ihrem Kind sicher Spaß, wenn es Sie selbst schon öfter beim Zähneputzen beobachten konnte (und dabei Lust bekam, Sie nachzuahmen). Kaufen Sie ihm einen Becher mit einem lustigen Bild, und zeigen Sie ihm, wie es die Zähne selber putzen kann. Zuerst werden sie sehr gründlich senkrecht gebürstet und dann waagerecht. Auch die Innenseite und die schmale Kaufläche müssen gereinigt werden.

Die Pflege der Milchzähne ist

Am Ende des 2. Lebensjahres kann ein Kind schon geschickt mit der Zahnbürste umgehen.

übrigens ebenso wichtig wie später die Pflege der bleibenden Zähne, denn auch sie können von Karies befallen werden und dann große Schmerzen verursachen. Wenn sie schadhaft sind, müssen sie plombiert werden. Eine gute Hilfe zur Gesunderhaltung der Zähne ist festes Schwarzbrot mit harter Rinde. Es muß gründlich gekaut werden, und das regt den reinigenden Speichelfluß an.

Schlaf

Der Rhythmus zwischen Schlafen und Wachen hat sich jetzt schon gut eingependelt. Das Kind schläft tagsüber normalerweise nur noch nach dem Essen. Die Schlafdauer beträgt im allgemeinen 12 bis 14 Stunden. Natürlich kann es gelegentlich einmal vorkommen, daß es auch weniger oder mehr schläft.

Wichtig ist, daß Sie Ihr Kind nie zum Schlafen zwingen (schicken Sie es auch nie zur Strafe ins Bett!). Wenn es einmal nicht einschlafen mag, so kann das folgende Gründe haben:
– Es ist nicht müde, weil es tagsüber zuwenig Bewegung an der frischen Luft hatte.
– Es möchte sich nicht von einer interessanten Tätigkeit trennen.
– Es hat Angst vor der Dunkelheit.
– Es möchte nicht allein sein.

– Es ist übermüdet, weil es
  motorisch sehr angestrengt war.
– Radio oder Fernseher sind zu
  laut und erinnern das Kind
  dauernd daran, daß die Eltern
  nebenan noch auf sind.

So können Sie vorbeugen oder
helfen:
– Ihr Kind braucht täglich Bewe-
  gung an der frischen Luft.
– Das Kinderzimmer muß so
  eingerichtet sein, daß sich Ihr
  Kind darin wohl fühlt.
– Ein kleines Nachtlämpchen im
  Kinderzimmer nimmt die Angst
  vor der Dunkelheit und dem
  Alleinsein.
– Denken Sie an das tägliche
  «Betthupferl» in Form von
  Liedern, Geschichten (auch ein
  kleiner Rückblick auf die
  Ereignisse des Tages) und
  Zärtlichkeiten.
– Lassen Sie ein Lieblingstier oder
  eine Puppe mitschlafen.
– Wenn das alles nichts hilft und
  Ihr Kind womöglich protestie-
  rend in seinem Bett steht,
  nehmen Sie es auf den Arm,
  gehen mit ihm im Zimmer auf
  und ab, und sprechen Sie sehr
  liebevoll mit ihm.
– Schließlich können Sie sich auch
  noch dazu entschließen, Ihr Kind
  noch eine Weile wach bleiben zu
  lassen (der «Einschlafzeitpunkt»
  ist eine regional oder auch
  national bezogene Gewohnheit –
  aus gesundheitlichen Gründen
  läßt sich ein bestimmter Einschlafzeitpunkt erst ab dem

Schulalter wegen des festen
Aufstehzeitpunktes begründen).
Einige Zeit später probieren Sie
dann noch einmal, ob es jetzt
einschlafen kann.

Früherkennungsuntersuchung

Gegen Ende des zweiten Lebensjahres (21. bis 24. Lebensmonat) ist
die 7. Früherkennungsuntersuchung
vorgesehen. Dabei erkundigt sich
der Arzt danach, ob das Kind
krank war, ob es Schwierigkeiten
beim Essen, Trinken oder der
Verdauung gibt, ob es Krampfanfälle hatte, ob Infektionen eingetreten sind, ob es unter Schlafstörungen leidet und ob seine Sprechentwicklung altersgemäß verläuft.

Darüber hinaus begutachtet der
Arzt: Gesamteindruck und Ent-
wicklungsstand (Größe, Gewicht,
Körperproportionen), Zahnent-
wicklung, Haut, Brustorgane (Hals,
Herz, Lunge), Bauch- und Ge-
schlechtsorgane, Skelettsystem,
Sinnesorgane und Motorik (freies
Gehen, Greifen mit Daumen und
Zeigefingerspitzen, Bewegungsun-
ruhe usw.), allgemeines Verhalten
(psychische Entwicklung).

Von der Krankenkasse bekommen
Sie das «Untersuchungsheft für
Kinder», in dem die einzelnen
Untersuchungen aufgeführt sind.
Die Früherkennungsuntersuchun-
gen werden von den Krankenkas-
sen bezahlt. Lassen Sie sie unbe-

dingt an Ihrem Kind durchführen. Der Arzt benötigt dazu das Untersuchungsheft, den Impfpaß des Kindes, den Mutterpaß und den Berechtigungsschein der Krankenkasse.

Schutzimpfungen

Im 2. Lebensjahr (ab 15. Lebensmonat) werden die folgenden Impfungen empfohlen:
– Masern – Mumps – Röteln: einmal als Kombinationsimpfung
– Kinderlähmung: 3. Schluckimpfung
– Diphtherie – Tetanus: 3. Impfung oder Diphtherie – Keuchhusten – Tetanus: 4. Impfung
– Hib: 3. Impfung

(nach den Empfehlungen der Ständigen Impfkommission des Bundesgesundheitsamtes vom 2. 7. 90)

Voraussetzungen für die Impfung sind:
– Das Kind muß völlig gesund sein.
– Auch wenn zum geplanten Impftermin ein Familienmitglied krank ist oder Ihr Kind inzwischen krank war, sollten Sie das dem Arzt sagen. Er wird dann entscheiden, ob der Impftermin verschoben werden muß.

Die Impfreaktion: Bei der Mehrfachimpfung kann sich die Einstichstelle etwas entzünden und anschwellen. Bei einer Fieberreaktion muß der Kinderarzt aufgesucht werden.

Wichtige Tips

– Erzählen Sie Ihrem Kind vor einer Impfung mit einer Spritze nicht, daß es gar nichts spüren wird. Sagen Sie ihm ruhig, daß es einen kleinen Schmerz erdulden muß, der so ähnlich ist wie das Kneifen mit Fingernägeln.
– Nehmen Sie das Lieblingsspielzeug des Kindes zum Impftermin mit, und trösten sie es, wenn es Angst bekommen sollte.
– Gehen Sie möglichst zu einem Arzt, den Ihr Kind bereits kennt.
– Lassen Sie sich einen Termin geben, denn die lange Zeit im Wartezimmer ist eine Belastung, sowohl für Ihr Kind als auch für Sie.

Der Tagesablauf:
Thema mit Variationen

Das ein- bis zweijährige Kind wacht gewöhnlich morgens zwischen 6 und 8 Uhr von selbst auf. In der ersten halben Stunde danach beschäftigt es sich noch ganz gut mit sich selbst. Doch dann wünscht es Abwechslung, etwas zu essen und zu trinken, eine trockene Windel, und vor allem möchte es, daß sich Vater oder Mutter mit ihm beschäftigen. Wenn Sie in dieser Zeit noch nicht länger auf Ihr Kind eingehen können, überbrücken Sie die Wartezeit durch einen Keks oder ein Brotstück zum Knabbern und ein kleines Glas Saft. Geben Sie ihm zusätzlich noch ein Spielzeug in die Hand oder sonst eine Abwechslung, so haben Sie Zeit für sich und können in Ruhe das Frühstück vorbereiten. Dann legen Sie Ihr Kind trocken, damit ihm das Frühstück auch gut schmeckt.

Danach spielt Ihr Kind allein oder mit Ihnen (Lernspiel-Anregungen). Oder Sie machen einen ersten Spaziergang. Dann bieten Sie ihm einen kräftigen Zwischenimbiß an. Zwischen 10 und 11 Uhr wird es sich in der ersten Hälfte des zweiten Lebensjahres gern zu einem kleinen Vormittagsschlaf hinlegen. Lassen Sie es von selbst aufwachen, auch wenn es das gemeinsame Mittagessen dadurch versäumt (für Sie selbst ist das vielleicht eine willkommene Ruhepause). So lernt es, sein Schlafbedürfnis selbst zu steuern, und ist am Nachmittag ausgeruht und lustig. Wacht es dann auf, legen Sie es wiederum trocken.

Anschließend können Sie ihm etwas zu essen geben und einige Entwicklungsanregungen anbieten. Bei regenfreiem Wetter gehen Sie vielleicht gern auf einen Spielplatz oder beschäftigen es auf der Terrasse oder auf dem Balkon. Spätestens in dieser Spielphase braucht Ihr Kind auch intensiven Kontakt mit Vater und Mutter, älteren Geschwistern oder mit anderen vertrauten Bezugspersonen.

Gegen 17.30 Uhr können Sie das Abendessen herrichten. Nach dem Essen spielt Ihr Kind gern noch mal mit den Erwachsenen. Toben Sie dabei aber nicht so intensiv mit ihm herum, sonst ist es «aufgedreht» und kann nicht einschlafen.

Nichts ist schöner für ein Kind, als wenn Sie ihm zum Tagesausklang ein Lied vorsingen, eine Geschichte erzählen oder auch über einige Erlebnisse des Tages sprechen. Und natürlich wünscht es auch Zärtlichkeiten. Bleiben Sie nicht unbedingt am Bett sitzen, bis es eingeschlafen ist – zu leicht bleibt es sonst noch länger wach, um Sie als anregenden Unterhalter weiter dazubehalten. (Wenn es allerdings gar zu heftig nach Ihnen verlangt, nachdem Sie das Zimmer verlassen haben, sollten Sie ruhig gelegentlich «inkonsequent» sein.) In der Regel schläft Ihr Kind dann, vor allem wenn es viel erlebt hat, 8–10 Stunden ohne Unterbrechung.

Wichtige Tips

– Bemühen Sie sich um eine gewisse Regelmäßigkeit im Tagesablauf, seien Sie aber auch zu Ausnahmen bereit, damit Ihr Kind Gelegenheit hat, seinen Rhythmus umzustellen.
– Größere Unregelmäßigkeiten, wie z. B. eine Ganztagstour, kann Ihr Kind gut mitmachen, wenn Sie ihm dabei ebensoviel Zeit widmen wie sonst.

Manchmal können Sie auch ohne Babysitter Ihren eigenen Interessen nachgehen.

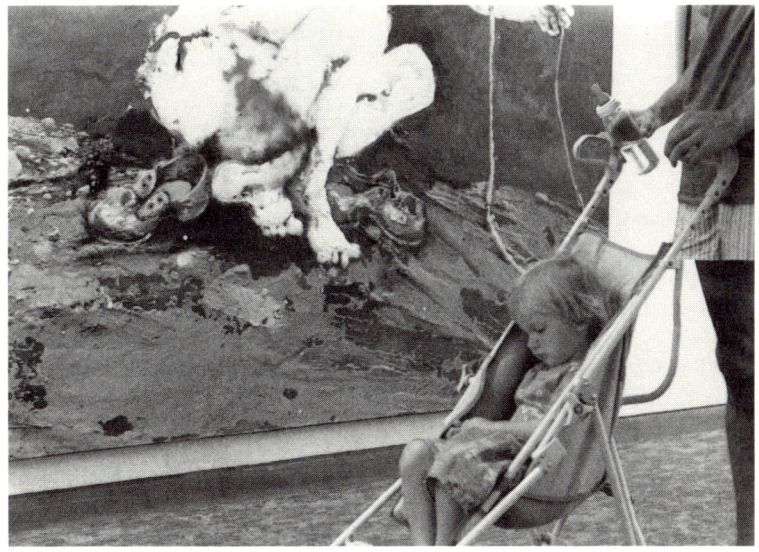

PSYCHISCHE ENTWICKLUNG

Diese Fähigkeiten erwirbt
Ihr Kind im zweiten Lebensjahr

Die Wahrnehmung

Das Zusammenspiel aller Sinnesorgane verfeinert sich im zweiten Lebensjahr ständig. Und das bedeutet für das Kind, daß es die Wirklichkeit immer besser begreift und sich immer sicherer in ihr zurechtfindet.

Tasten und Schmecken sind ihm dabei noch die größte Hilfe. Indem das Kind einen Gegenstand anfaßt und ihn in den Mund steckt, überprüft und erweitert es die optischen Eindrücke: Welche Umrisse hat der Gegenstand? Wie fühlt sich seine Oberfläche an? (Ursprünglich hat das Sehen ja etwas mit dem Tasten gemeinsam: Das optische Erkennen eines Gegenstandes erfolgt zunächst über das «Abtasten» der Kontur mit dem Auge. Allmählich hebt sich die Figur oder der Gegenstand immer deutlicher vom Hintergrund ab.) Das Kind macht sich durch das Betasten aber auch mit der dritten Dimension vertraut und erkennt nach und nach den Unterschied zwischen innen und außen, hohl und massiv, oben und unten, vorne und hinten. Mit Vorliebe steckt es jetzt seine Finger in Hohlräume und Löcher.

Es erlebt die Dinge seiner Umwelt immer plastischer.

Den weiteren Raum erobert es sich, indem es unermüdlich krabbelt und herumläuft. Mit diesen «Ausflügen» wächst sein Gefühl für Entfernungen. Die selbständige Fortbewegung ist dabei eine unerläßliche Voraussetzung für die Entwicklung des räumlichen Sehens. Bald kann das Kind mit einem Blick erfassen, ob der Gegenstand nah oder fern, hier oder dort, drinnen oder draußen ist. Mit dieser Art der Wahrnehmung vollbringt es bereits eine große Leistung. Es ist nämlich gar nicht so selbstverständlich zu erkennen, in welcher Entfernung sich ein Gegenstand befindet: auf der Netzhaut werden nahe liegende Dinge groß und entferntere kleiner abgebildet, und erst durch die Erfahrung lernen wir unterscheiden, ob es sich dabei um einen kleinen Gegenstand handelt oder nur um einen, der weiter entfernt ist. Erst wenn das Kind über das räumliche Erkennen als eine seiner geistigen Leistungsfähigkeiten verfügt, wird es seine Hand z. B. auch nicht mehr greifend nach dem Mond ausstrecken!

Auch das Gehör wird immer differenzierter. Das Kind hat schon im ersten Lebensjahr gelernt, Geräusche im Raum zu lokalisieren und ihrer Quelle zuzuordnen. Mit Beginn des zweiten Lebensjahres lernt es dann, einzelne Laute zu unterscheiden. Besonders die Unterscheidung zwischen stimmhaften und stimmlosen Konsonanten ist eine große Leistung, denn für das menschliche Gehör liegen solche Unterschiede an der Grenze der Wahrnehmbarkeit. Gegen Ende des zweiten Lebensjahres hört es seine eigenen Laute so genau und bewußt, daß es die Wörter und ihre Aussprache kontrollieren kann. Es macht sogar schon Versuche, erst die Aussprache der Vokale und später die der Konsonanten zu verbessern.

Denken, Lernen, Gedächtnis

Bereits mit einem Jahr ist ein Kind zu beachtlichen, intelligenten Handlungen fähig. In den folgenden Monaten erhält es immer neue Voraussetzungen dafür, daß es noch häufiger logisch und sinnvoll handeln kann: das Kind lernt denken.

Es paßt sein Verhalten rasch an neue Situationen an, bis es gegen Ende des zweiten Lebensjahres sogar schon «überlegt», bevor es handelt. Denken ist ja teilweise ein «verinnerlichtes» Handeln mit Hilfe von Vorstellungen, ein

Durchprobieren verschiedener Möglichkeiten im Geiste, bis man schließlich den besten Weg erkennt und in die Tat umsetzt. Das Kind experimentiert mit den Dingen, um zu sehen, was passiert und welche Eigenschaften sie haben. Dabei geht es nicht mehr «blind» probierend vor. Jeder Versuch wird von der Erfahrung gelenkt, die beim vorhergehenden Versuch gewonnen wurde. Das Kind variiert sein Verhalten, um eine Lösung für sein Problem zu finden.

Wenn es beispielsweise ein Spielzeug auf einem Tisch entdeckt, so benützt es zum Herunterholen nicht nur die Mittel, die unmittelbar in seinem Blickfeld liegen, sondern es beginnt, aktiv nach einem Hilfsmittel zu suchen: Es schiebt z. B. einen Stuhl heran, der in einer anderen Ecke des Zimmers steht. Es hat also die Erfahrung gemacht, daß man manchmal nur über einen Umweg ein bestimmtes Ziel erreichen kann. Sein Gedächtnis hat bereits bestimmte Erkenntnisse gespeichert, die dieses Such- und Umwegverhalten ermöglichen.

Zwischen dem 18. und 20. Monat vollzieht sich eine entscheidende Wendung: Es denkt nun wirklich im eingangs beschriebenen Sinn, das heißt, es kann bestimmte Handlungen durchprobieren, sie als mehr oder weniger tauglich erkennen und sich dann für den erfolgversprechendsten Weg entscheiden. So läßt sich eine

Lösung natürlich viel schneller finden, als wenn man jede einzelne Handlung konkret ausführt. Es wird z. B. nicht mehr versuchen, einen langen Stock quer durch eine Öffnung zu ziehen, sondern ihn schon vorher richtig drehen. Hier liegt also der Übergang zur vorstellenden Denkaktivität.

Wahrnehmungen können durch Vorstellungen ersetzt und durch ein Symbol bezeichnet werden, z. B. durch ein Wort. Somit wird der Gegenstand auch für das Kind zu etwas, das unabhängig von der Handlung und Wahrnehmung des Kindes vorhanden ist.

Um den 18. Monat herum besitzt das Kind bereits so viele Kenntnisse über die Beziehungen zwischen den Dingen, daß es aus ihren Merkmalen auch auf die unmittelbare Zukunft schließen kann. Es weiß z. B., daß bald jemand zum Telefon gehen wird, wenn dieses klingelt, oder daß die Aussicht auf einen Spaziergang besteht, wenn ihm Mütze und Mantel angezogen werden. Ein gewisses Verständnis für Zusammenhänge ist jetzt also vorhanden. Das Kind erwartet schon im voraus die Wirkungen von Ursachen und kann aus den Folgen auch die Ursachen erschließen. Die Erinnerung reicht immer weiter zurück. Es weiß noch Dinge, die am vorangegangenen Tag passiert sind, und kennt die Bedeutung von «jetzt» und «bald». Allmählich lernt es so, Dinge zu erwarten.

Die ersten Wörter

Neben dem Laufenlernen ist die Sprach- und Sprechentwicklung die auffälligste Leistung des zweiten Lebensjahres. Die Sprache ist die spezifisch menschliche Form der Verständigung.

Die ersten Wörter sind das Ergebnis der gefühlsmäßigen Beziehung des Kindes zu den Personen seiner Umgebung. Es drückt damit sein Bedürfnis nach sozialem Kontakt aus. So ist es nur natürlich, daß das erste Wort, welches das Kind aussprechen und sinnvoll gebrauchen kann, gewöhnlich «Mama» lautet. Dieser Ausruf kann vieles bedeuten: «Mama, komm her!», «Mama, hilf mir!» oder «Mama, gib mir das Spielzeug!».

Die wenigen Wörter, die ein Kind zu Beginn des zweiten Lebensjahres sprechen kann, haben meistens die Bedeutung eines ganzen Satzes und wechseln je nach der Situation ihren Sinn. Aus den begleitenden Bewegungen und den Umständen muß man erraten, was gemeint ist. Die einzelnen Wörter bezeichnen noch nicht eindeutig einen bestimmten Gegenstand, sondern die gesamte Situation, in der sie das Kind kennengelernt hat. So gebraucht es vielleicht das Wort «Wau-wau» nicht nur für Hunde, sondern auf für andere Tiere, die sich bewegen.

Insofern bezeichnet ein Wort noch nicht einen Gegenstand oder eine Klasse von Gegenständen in unserem Sinne. So entsteht der Eindruck, das Kind könne noch nicht verallgemeinern. Richtiger ist folgendes: Das Kind bildet seine Begriffe aufgrund von Eigenschaften, die ihm besonders auffallen (z. B. «beweglich sein», siehe oben).

Die Verständigung mit Hilfe der ersten (wenigen) Wörter ist oft noch schwer. Meistens verstehen nur die Personen der engsten Umgebung, was jeweils gemeint ist. Denn nur sie kennen die Bedingungen, unter denen das Kind ein Wort kennengelernt hat. Dazu noch ein Beispiel zur Veranschaulichung: Eine Mutter zeigt eines Tages ihrem Kind ein Bild an der Wand und sagt dazu: «Schau, das ist dein Onkel.» Das Kind ist fasziniert von dem Bilderrahmen (weniger von dem Onkel), und weil «das da» oben hängt (neugiererweckend und doch unerreichbar), bezeichnet es von nun an alle Bilder, aber auch eine Uhr an der Wand mit «Onkel». Dahinter verbirgt sich schon eine hohe Abstraktionsleistung. Erst ab eindreiviertel bis zwei Jahren verwendet ein Kind Begriffe immer mehr in unserem Sinn – es achtet auf die Merkmale, nach denen wir überwiegend gruppieren (z. B. Größe, Farbe, Material, Form und Funktion). In der Mitte des zweiten Lebensjahres vergrößert sich der Wortschatz des Kindes nur langsam. Sein Interesse scheint ganz auf die Umwelterkundung gerichtet zu sein.

Die ersten Sätze

In der zweiten Hälfte dieses Lebensjahres steigt der Wortschatz plötzlich deutlich an. Gleichzeitig verbessert sich die Struktur der Sprache. Am Ende des Jahres bildet das Kind Sätze mit zwei oder drei Wörtern. Die Wörter sind nicht mehr nur situationsgebunden, sondern haben schon weitgehend die Bedeutung, in der sie Erwachsene gebrauchen. Das gilt zumindest für Wörter, die Gegenstände bezeichnen, jedoch noch nicht für abstrakte Begriffe wie «Freund», «Merkmal», «Denken» usw.

Die Aussprache hinkt allerdings noch hinterher. Manche Konsonanten kann das Kind noch nicht aussprechen, und es verschluckt Silben. Mit den wachsenden Sprachkenntnissen wird jedoch eine neue Art der Kommunikation mit Erwachsenen möglich: die sprachliche Mitteilung.

Sprechen und Verstehen

Schneller als Sprechen lernt das Kind, den Sinn von Wörtern und Sätzen zu verstehen. Zu Beginn des Jahres begreift es, was mit bestimmten Aufforderungen und Aufträgen gemeint ist, vor allem, wenn diese Aussagen auch durch Mimik und Gestik verdeutlicht werden: «Komm, wir gehen jetzt!» – «Nein, laß das bitte liegen.» Mit etwa 18 Monaten versteht es schon kompliziertere Zusammenhänge: «Zeig den Teddy mal der Tante!» Er kann einen solchen Auftrag jedoch nur dann richtig ausführen, wenn es sich nicht um eine völlig neue Gesamtsituation handelt, sondern wenn es ihn schon einmal unter ähnlichen Voraussetzungen gehört hat.

Die Sprache dient nicht nur zur immer besseren Verständigung, sie übernimmt auch allmählich die Rolle eines Verhaltensregulators. Das Kind führt auf Aufforderung des Erwachsenen eine gewünschte Handlung aus. Auch die Art, wie eine Handlung ausgeführt werden soll, kann jetzt sprachlich gelenkt werden: «Bring den Teddy schnell her und gib ihn mir bitte!» oder «Schleck bitte den Löffel ab, und gib ihn mir dann!».

Später begleitet das Kind seine Handlungen selbst mit Worten. Es redet mit der Puppe, gibt sich Aufträge und weist sich zurecht, wenn es etwas falsch gemacht hat. (Hier bahnt sich an, was später zur «inneren Stimme», dem Gewissen, wird.)

Vielleicht wollen Sie jetzt wissen: «Wie viele Wörter und Sätze sollte mein Kind denn am Ende des zweiten Lebensjahres sprechen können?» Es gibt darauf keine eindeutige Antwort. Die Angaben in der Fachliteratur reichen von weniger als 10 bis über 40 Wörter. Körperliche Reifungsvorgänge, welche zunächst die Lautproduktion beeinflussen, treten nun in den Hintergrund. Wann ein Kind zu sprechen anfängt und wieviel es spricht, hängt hauptsächlich von der Förderung durch seine soziale Umwelt ab, also den mit dem Kind sprechenden Erwachsenen, den Geschwistern oder anderen Kindern.

Bei der Früherkennungsuntersuchung im 21. bis 24. Lebensmonat wird von einem normal entwickelten Kind verlangt: «Führt einfache Aufforderungen aus. Verfügt über mehr als zehn Worte.» An eine krankhafte Störung ist erst zu denken, wenn das Kind mit eineinhalb bis eindreiviertel Jahren noch kein einziges Wort sprechen kann und wenn es mit zwei Jahren noch keine kurzen Sätze versteht. Es ist klar, daß ein Kind schneller und besser sprechen lernt, wenn sich die Eltern von Anfang an viel mit ihm beschäftigen. Kinder aus Familien, in denen die Mutter und der Vater wenig Zeit haben, werden also gewöhnlich länger zum Sprechenlernen brauchen.

Außerdem ist es wichtig, daß man sich nicht in der Babysprache mit dem Kind unterhält, sondern in klar artikulierter Umgangssprache. Man sollte das Kind nicht korrigieren, wenn es ein Wort falsch ausspricht, sonst verliert es die Lust am Sprechen. Es genügt, daß es bei den Erwachsenen immer wieder die richtige Aussprache hört.

Das Sprechenlernen macht vor allem dann Fortschritte, wenn das Kind auch einen Grund darin sieht, Wörter aktiv zu gebrauchen. Wenn es erst einmal einige Wörter sprechen kann, sollte die Mutter nicht mehr sofort auf jeden Wunsch eingehen, der nur durch Gesten geäußert wird. Sie kann versuchen, das Kind zur sprachlichen Erklärung anzuleiten. (Natürlich muß die Mutter wissen, ob das Kind die nötigen Wörter für seinen Wunsch schon kennt!)

Zwillinge können in ihrer sprachlichen Entwicklung gelegentlich etwas zurückbleiben, da sie untereinander besondere Formen der Verständigung entwickeln. Einen Großteil ihrer sozialen Bedürfnisse befriedigen sie sich gegenseitig. Sie ahmen sich eher selbst nach, und das sprachliche Vorbild des Erwachsenen spielt eine geringere Rolle.

Die schwerwiegendste Behinderung entsteht durch Kontakt- und Kommunikationsmangel. Bei einem Kind, das zuwenig Umgang mit Erwachsenen hat oder nicht unterstützt wird, wenn es sich hilfesuchend an sie wendet, verkümmert auch sprachlich das Bedürfnis, sich an sie zu wenden. Ein Kleinkind handelt noch hauptsächlich mit Hilfe der Erwachsenen, es ist darauf angewiesen. Der sprachliche Dialog ist ein Teil dieser gemeinsamen Tätigkeiten. Und dabei eignet es sich auch Wörter am leichtesten an, weil sie ihm nicht nur vorgesprochen werden, sondern weil das Interesse an der gemeinsamen Tätigkeit auf das Lernen der neuen Wörter übergreift. Dadurch sind die positive Reaktion und ein aktives Verhalten gesichert. Das Kind lernt, daß der Gebrauch der Sprache die Aktivitäten und Beschäftigungen erleichtert, anregt und interessanter macht.

Die Entwicklung der Handlungen

Mit den wachsenden Fähigkeiten des Kindes steigen stufenweise auch die Forderungen, die Erwachsene ihm stellen dürfen. Schrittweise kann es nun den «Schonraum» verlassen, der ihm anfangs wegen seiner Hilflosigkeit und «Unfertigkeit» selbstverständlich zugestanden wurde. Es soll ja immer bessere Voraussetzungen für selbständiges Handeln erhalten.

Dazu gehört, daß es nach und nach alle Dinge kennenlernt, die im Leben der Erwachsenen eine Rolle spielen. Zum Kennenlernen gehört auch, daß es erfährt, wie man einen Gegenstand richtig gebraucht. Ein Löffel beispielsweise ist zunächst nur ein Spielzeug für das Kind: Es kann damit auf den Teller trommeln und Musik machen. Um ihn «richtig» zu benützen, muß es lernen, wie man ihn hält und wie man ihn zum Mund führt. Dann ist

der Löffel nicht mehr nur Spielzeug, sondern auch Werkzeug.

Andererseits kann auch ein Spielzeug «Werkzeughandlungen» verlangen: Soll sich ein Kreisel oder ein Rad drehen, so muß man in einer vorgeschriebenen Weise mit ihnen verfahren. Beide Bereiche sind also unabhängig voneinander zu betrachten.

Allmählich beginnt das Kind zu verstehen, daß man mit einem Gegenstand bestimmte Dinge tut und andere nicht. Dieser Lernprozeß steigert sich durch die zunehmende Fähigkeit des Kindes, die Handlungen der Erwachsenen nachzuahmen und zu wiederholen, sowie durch sein wachsendes Sprachverständnis. Zeigt man ihm nun, wie es mit einem Gegenstand umgehen soll, so wird es ihn nicht mehr nur neugierig in den Mund stecken oder spielerisch wegwerfen. Es versucht vielmehr, die Handlung nachzuahmen.

Allerdings sind die spezifischen Handlungen in diesem Stadium noch an das konkrete Einzelding gebunden, an dem ihm der Gebrauch demonstriert wurde. Es dauert eine Weile, bis das Kind verallgemeinern und die gleiche Handlung auch auf einen anderen Gegenstand übertragen kann.

Schon gegen Ende des ersten Jahres konnte man dem Kind sagen, etwas zu tun oder zu unterlassen. Nun kann man allmählich immer mehr mit Worten erreichen. Das Kind versteht jetzt nicht nur die Aufforderung: «Nimm die Tasse!» Es weiß auch, was mit dem Satz «Du mußt die Tasse mit zwei Händen halten!» oder «Achtung, gleich verschüttest du den Tee!» gemeint ist.

Es ist wichtig, daß das Kind zu solchen «Werkzeughandlungen» angeregt wird. Die Erwachsenen müssen sie ihm wiederholt zeigen und erklären, denn von selbst würde es sie nicht lernen. Dabei wird zugleich seine intellektuelle Entwicklung angeregt. Im praktischen Umgang mit Gebrauchsgegenständen liegt die Grundlage zum anschaulich-konkreten Denken. Durch Wiederholungen werden Erfahrungen im Gedächtnis gespeichert, die später in ähnlichen Situationen abrufbar sind. Außerdem prägt sich das Kind die wesentlichen Merkmale der Gegenstände ein.

Nicht zuletzt machen jedem Kind diese kleinen Aufgaben großen Spaß und heben sein Selbstbewußtsein. Es strahlt vor Freude und Stolz, wenn es allein mit dem Löffel essen oder aus dem Becher trinken kann. Es möchte ja alles so tun wie die Erwachsenen!

Selbstgefühl

Im Säuglingsalter wurde die Basis des Vertrauens zu anderen Menschen gelegt. Auf dieser Grundlage kann das Kind jetzt das Vertrauen zu sich selbst entwickeln, zu seinen Fähigkeiten und zu seinem Körper. Mit einem Jahr erlebt sich das Kind bereits als etwas, das anders ist als die Umwelt. Es hat inzwischen mit den Händen seinen Körper ertastet und untersucht. Von dem Zeitpunkt an, wo es langsam «auf eigenen Füßen» steht, bekommt sein Selbstgefühl einen neuen Impuls. Es strebt nun in jeder Hinsicht «Selbständigkeit» an. Mit jeder Fertigkeit wächst bei ihm das Gefühl für sein Können und seine Unabhängigkeit. Seine geübte Motorik verleiht ihm zunehmend Macht über die Umgebung: Es kann greifen und festhalten, holen und wegstoßen. Mit Menschen kann es ebenso verfahren: Einmal ist es anschmiegsam und zärtlich, im nächsten Augenblick widerspenstig und voller Abwehr.

All diese Versuche zur Selbständigkeit sollen in jeder Weise unterstützt werden. Das Kind muß merken, daß das tiefe Einverständnis mit den Eltern auch dann erhalten bleibt, wenn es seinen Willen einmal zu heftig durchzusetzen versucht, eigensinnig reagiert oder selbst zwischen verschiedenen Impulsen hin- und hergerissen wird. Seine Sicherheit schwankt noch, daher muß es durch die Reaktion spüren, daß es ernst genommen wird. So ist das Kind trotz aller Selbständigkeit noch sehr schutzbedürftig und muß von den Erwachsenen Halt bekommen.

Allmählich reift die Erkenntnis in ihm, daß es auf der Welt noch andere Menschen gibt, die ihm mehr oder weniger gleichen. Allerdings kann es seinen Standort noch nicht genau bestimmen. Es sagt noch nicht «ich», sondern nennt sich selbst mit seinem Vornamen. Es fühlt sich meist auch noch nicht angesprochen, wenn man «du» zu ihm sagt. Das ist erst ab zweieinhalb Jahren möglich.

Gefühle und soziales Verhalten

In den ersten Lebensjahren wird das spätere Gefühlsverhalten eines Menschen geprägt. Also sollten die positiven Gefühlserlebnisse (z. B. Freude oder Entspannung) die negativen (z. B. Angst, Enttäuschung oder Hilflosigkeit) überwiegen. Ein gewisses Maß an negativen Erfahrungen wird sich jedoch nicht vermeiden lassen und ist sogar notwendig. Denn das Kind muß ja lernen, auch mit Enttäuschungen fertig zu werden, ohne daran zu zerbrechen. Ein Kind, das zu stark beschützt wird und dem man jede Schwierigkeit aus dem Weg räumt, wäre später zu leicht verwundbar. Um Mißverständnissen vorzubeugen: Diese Frustrationen sollen natürlich nicht absichtlich von den Eltern verursacht werden. In aller Regel ergeben sie sich in ausreichender Menge von selbst, z. B. durch Verbote, auf denen man zum Schutz des Kindes bestehen muß, aber auch aus den

Mißerfolgen, die das Kind wegen seiner noch mangelnden Fähigkeiten immer wieder erlebt. Positive Gefühle sind schon während des ersten Lebensjahres nicht mehr nur an die Befriedigung physischer Bedürfnisse geknüpft. Es lächelt nicht nur zufrieden, wenn es satt ist, sondern auch, wenn sich eine vertraute Person nähert. Dagegen ist es unzufrieden, wenn man streng mit ihm redet.

Die sozialen Gefühle des Kindes werden im zweiten Lebensjahr immer vielfältiger und differenzierter. Es freut sich nicht nur über freundliche Zuwendung, sondern sucht auch von sich aus schon Zärtlichkeit, besonders wenn es müde wird. Es reagiert gekränkt, beleidigt oder wütend, wenn ihm etwas nicht paßt, und es zeigt Freude und Stolz über eine eigene Leistung.

Auch Gefühle äußert es jetzt differenzierter. Das zeigt sich vor allem in Situationen, die Zorn oder Angst hervorrufen. Früher schrie es, wenn es Wut oder Angst ausdrücken wollte. Jetzt hat es mehr Möglichkeiten: Es macht im Widerstand seinen Körper steif, feuert zornig seine Spielsachen durchs Zimmer oder läuft ängstlich weg. Später kann es auch mit Worten seine Gefühle ausdrücken. Behinderungen in der Bewegungsfreiheit nimmt das Kind jetzt nicht mehr geduldig hin, auch nicht die Vereitelung seiner Absichten. Es versucht statt dessen, zielbewußt seinen Willen durchzusetzen, und reagiert unwillig, wenn es dabei gehindert wird. Es neigt stark zur Eifersucht, wenn ihm die Aufmerksamkeit der Mutter nicht ungeteilt gilt. Das kann besonders problematisch werden, wenn jetzt ein Geschwisterchen geboren wird (vgl. unter «Geschwister» im Register).

Jetzt erlebt Ihr Kind auch häufiger Angstgefühle. Es kann immer mehr Gefahren erkennen, weiß aber noch nicht, wieweit es bedroht ist und wie es sich davor schützen kann. Dunkle Zimmer, Alleinsein oder plötzliche Ortsveränderungen ängstigen es, es fürchtet sich, wenn es auf dem Tisch steht oder nicht mehr von einem Stuhl herunter-

«Wann gehört das mir, wann dir?»: teilen oder abwechselnd nutzen ist ein langer Lernprozeß.

klettern kann. Dann weint es, verbirgt das Gesicht oder sucht sicheren Abstand zu gewinnen. Auch Gefühle wie Besitzenwollen (z. B. Spielsachen anderer Kinder) oder Mitleid (mit jemandem, der weint) kennt es bereits.

Doch es gibt immer noch bedeutsame Unterschiede zum Gefühlsleben der Erwachsenen. So kann es seine Gefühle noch nicht steuern, sondern drückt sie sofort in sichtbaren Handlungen aus. Dadurch wird eine schnelle Befreiung erreicht. Die Gefühle wechseln also häufig. Das hängt auch damit zusammen, daß seine Aufmerksamkeitsspanne noch sehr kurz ist. Es hat also bald den Anlaß seiner Tränen vergessen, wenn es abgelenkt wird. Seine Gefühlsausbrüche sind sehr intensiv, feinere Abstufungen sind noch wenig ausgebildet. Deshalb reagiert es gleich stark auf bedeutende und unbedeutende Anlässe.

Wenn es versucht, seine Gefühle zu unterdrücken, z. B. aus Furcht vor Strafe, stellen sich andere Verhaltenssymptome ein: Es läuft unruhig hin und her, es uriniert öfter als sonst, es ißt nur wenig und entwickelt nervöse Angewohnheiten.

Man kann also oft leicht ablesen, was ein Kind gerade empfindet.

Sein soziales Verhalten zu gleichaltrigen Kindern ist durch die Eigenart seiner Gefühlswelt geprägt. Manche Verhaltensweisen erscheinen ergoistisch oder aggressiv, stellen jedoch ein ganz normales Entwicklungsstadium dar und dürfen deshalb nicht negativ bewertet werden. Häufig scheint das gemeinsame Spielen wesentlich darin zu bestehen, daß sich die Kinder die Spielsachen wegnehmen. Sie können eben noch nicht teilen oder gemeinsam mit demselben Spielzeug spielen. Manchmal ahmen sich die Kinder auch nach, jeder will tun, was der andere tut. Gleichaltrige Kinder sitzen aber auch gern nebeneinander, und jedes spielt für sich. Für den Beobachter sieht es zunächst so aus, als ob jedes genausogut allein sein könnte. Doch an einem gelegentlichen Anlächeln oder Blickwechsel merkt man, daß die Kinder ihre gegenseitige Nähe doch ganz genau wahrnehmen und ihnen das Zusammensein Spaß macht.

Die wichtigsten Partner für das Kind sind jedoch immer noch die Eltern. Der soziale Kontakt mit ihnen befriedigt es am meisten. Denn ihnen fällt es leicht, der gebende und vorausschauende Teil zu sein, sie können sich am besten auf das Kind einstellen. Es kann sich deshalb bei ihnen entspannt wohl fühlen.

Erziehungsaufgaben im zweiten Lebensjahr

Im zweiten Lebensjahr ändert sich die Rolle der Eltern grundlegend. Das Kind ist aufgrund seiner körperlichen und seelischen Entwicklung allmählich in der Lage, sich aus der engen Bindung an die Erwachsenen zu lösen. Es erlebt sich immer bewußter als eigenständiges Individuum und kann schon viele Dinge selbst tun, die es im ersten Jahr den Erwachsenen, vor allem seiner Mutter, überlassen mußte: Es läuft ohne Hilfe, es versucht mehr und mehr ohne Hilfe zu essen und kann seine Wünsche und Bedürfnisse deutlicher ausdrükken.

Dadurch gewinnen die Eltern und das Kind neuen Freiraum. Im ersten Jahr mußten sie sich in ihrem Lebensrhythmus weitestgehend dem Baby anpassen, jetzt haben sie wieder mehr Spielraum. Mit der neuen Freiheit kommen jedoch auch einige neue Aufgaben. Es genügt nun nicht mehr, daß die Eltern dem Kind Nahrung, Liebe und Wärme geben. Es braucht jetzt noch mehr Anleitung, Erklärungen und geduldige «Lehrer», es muß allmählich mit den Normen des menschlichen Zusammenlebens vertraut gemacht werden.

Die Erziehung folgt den «offenen» oder «verdeckten» Zielen, die Eltern für ihr Kind anstreben, also den Zielen, die Eltern bewußt anstreben, und denjenigen, die geheim und unbewußt, oft auch ungewollt, verwirklicht werden. Deshalb ist es wichtig, sich schon jetzt wiederholt mit der Frage auseinanderzusetzen: «Wohin wollen wir unser Kind führen, welche Eigenschaften und Fähigkeiten sollen wir besonders fördern?»

Wenn Sie dabei ehrlich gegen sich selbst sind, werden Sie wahrscheinlich feststellen, daß sich dabei auch teilweise recht egoistische Wünsche einschleichen: das Kind soll so werden wie der Vater oder die Mutter, es soll möglichst lange «unser anhängliches Kind» bleiben, es soll Träume verwirklichen, die wir selbst nie realisieren konnten usw. Diese Wunschvorstellungen lassen sich nicht leicht ausschalten. Ausschlaggebend ist, daß man solche Einstellungen und Haltungen nicht gewaltsam unterdrückt, sondern daß man sich über solche Ansprüche an das Kind klar wird und sie sich eingesteht. Nur so kann man sie auf ein vertretbares Maß reduzieren und eventuell korrigieren.

Hier soll nicht der Versuch gemacht werden, Ihnen bestimmte Zielvorstellungen aufzuzwingen. Eine Beschreibung möglicher Erziehungsziele (und wie man als Mutter, Vater oder Erzieher darauf hinarbeiten kann) folgt ausführlich in Elternbuch 3.

Im zweiten Lebensjahr können Sie sich, neben und ergänzend zu den Entwicklungsanregungen, besonders auf die Bereiche konzentrieren, die sich jetzt in stürmischer Entwicklung befinden, wie Sprache, Motorik, Denken und Selbständigkeit. Auf einige dieser Ziele wird im folgenden besonders eingegangen.

Selbständigkeit und Verantwortung

Mit den neuen Möglichkeiten und Fähigkeiten des Kindes wächst seine Selbständigkeit. Für die Mutter ist es jetzt gar nicht einfach, das richtige Maß von Nähe und Distanz zum Kind zu finden. Einerseits ist es noch sehr anhänglich und braucht die Hilfe der Erwachsenen. Andererseits strebt es weg von der versorgenden Mutter-Kind-Einheit. Es möchte viele Dinge selber tun: allein essen, sich allein anziehen, allein Treppen steigen usw. Manche Mütter leiden, wenn sie erleben, daß sich ihr Kind von ihnen lösen möchte.

Sie würden am liebsten noch recht lange das süße, hilflose Baby in ihm

sehen. Doch für die Entwicklung der Persönlichkeit ist es von entscheidender Bedeutung, daß die Eltern die Bestrebungen des Kindes nach Selbständigkeit unterstützen. Wenn sie dem Kind jetzt alle Schwierigkeiten abnehmen, bleibt es ungeschickt, hilflos und bequem. Mit der zunehmenden Selbständigkeit bekommt das Kind allmählich auch ein Gefühl der Verantwortung für sein Tun. Je früher es im Rahmen seiner Möglichkeiten Entscheidungen treffen darf, desto eher und besser gewöhnt es sich an Verantwortung. Lassen Sie es also schon jetzt in manchen Bereichen mitbestimmen, z. B. in Essensfragen, bei der täglichen Wahl des Spielzeugs, bei der Kleiderwahl, später auch bei Ausflugszielen. Die Vorauswahl müssen allerdings noch Sie treffen, das heißt, Sie müssen dem Kind zwei oder drei Möglichkeiten vorschlagen. Bei allgemeinen Fragen wie «Wohin willst du spazierengehen?» oder «Was möchtest du essen?» wäre Ihr Kind auch am Jahresende noch überfordert.

Bewegungsfreiheit

Der Bewegungsdrang Ihres Kindes wird in diesem Jahr immer größer. Je weniger Sie ihn einschränken, desto besser ist das natürlich für das Kind. Wenn Sie ständig sagen: «Paß auf, faß das nicht an!», «Achtung, gleich geht

Bei Sonnenschein können Kinder wichtige Körpererfahrungen machen: Nacktsein als Teil der Sexualerziehung.

das kaputt!» usw., bekommt Ihr Kind das Gefühl, daß es nur Unheil anrichtet und ungeschickt ist. Es bleibt unsicher und ängstlich in der Erforschung der Umwelt und wird später linkisch und ungeschickt sein. Aus den gleichen Gründen ist es ungünstig, das Kind länger als zum kurzzeitigen Schutz bei Telefonaten, beim Öffnen der Wohnungstüre oder einer kurzen Verrichtung in der Küche im Laufstall festzuhalten.

Verbote, Kritik und Bestrafung

Einige Verbote lassen sich beim besten Willen nicht vermeiden: solche, die das Kind vor Gefahren schützen. Viele Verbote anderer Art werden jedoch eher aus eigener Bequemlichkeit ausgesprochen als aus Notwendigkeit. Fragen Sie sich gelegentlich, bevor Sie dem Kind spontan etwas verbieten: «Darf das wirklich nicht sein?» Sicher stellen Sie dann manchmal fest, daß Sie auf das Verbot verzichten können. Sie dürfen auch ruhig einmal ein bereits ausgesprochenes Verbot zurücknehmen, wenn Sie bemerken, daß Ihr Kind zu sehr darunter leidet. Warum soll es denn z. B. den Papierkorb nicht einmal ausleeren oder das Zimmer nicht verlassen dürfen?

Glauben Sie nicht, daß Sie an Autorität einbüßen, wenn Sie gelegentlich eine Sache durchgehen lassen. Im Gegenteil, es ist sogar positiv, wenn Ihr Kind spürt, daß Sie keine unfehlbare Machtperson sind. Wenn es erlebt, daß «mit Ihnen zu reden ist», wird es später auch nicht so sehr versuchen, Ihre Nachgiebigkeit mit Trotzreaktionen zu erzwingen. Bestrafungen haben nur selten die erwünschte Wirkung.

Häufig versteht das Kind nicht einmal den Grund. Es fühlt sich verunsichert und entwickelt Trotz. Verhindern Sie lieber, daß das Kind etwas ernsthaft Verbotenes tut, indem Sie es von seiner beabsichtigten Handlung ablenken oder es für eine andere Sache interessieren. Ist ein Mißgeschick doch geschehen, so kritisieren Sie Ihr Kind nicht pauschal durch Bemerkungen wie «Du böses Kind, wie ungeschickt du bist!» oder «Mama hat dich nicht mehr lieb!». Ihre Kritik sollte sich nur auf die Sache beziehen: «Schau, jetzt ist das schöne Glas kaputt. Schade!» Wenn das Kind etwa eineinhalb Jahre alt ist, können Sie mit ruhiger, vernünftiger Argumentation bereits mehr erreichen als mit erregtem Schimpfen. Sie wollen ja nicht, daß Ihr Kind auch später bestimmte Dinge nur unterläßt, weil es sich vor der Strafe fürchtet.

Anerkennung und Lob

Wenn Sie möchten, daß Ihr Kind ein bestimmtes Verhalten öfter zeigt, brauchen Sie es dafür nur zu loben. Aber auch hier gilt wieder die Regel: Loben Sie dabei nicht die Gesamtperson mit Bemerkungen wie: «Du bist ein so gutes und liebes Kind.» Besser ist es, wenn sich Ihr Lob direkt auf die Handlung bezieht: «Das hast du gut gemacht!» Denn das ständig als «lieb, gut, brav» bezeichnete Kind wird sicher eines Tages beweisen wollen, daß es absolut nicht nur so eingestuft werden möchte. Vielleicht macht es dann sogar etwas Verbotenes, um zu zeigen, daß es nicht immer lieb sein kann.

Die Eltern als Vorbild

Selbst die besten Erziehungsmethoden bewirken wenig bei einem Kind, wenn sie nicht in Einklang mit dem elterlichen Vorbild stehen. In diesem Alter ist die Nachahmung der Bezugsperson, das «Lernen am Modell», die wichtigste Quelle der Verhaltensprägung. Nicht nur äußere Verhaltensweisen werden übernommen, sondern auch Dinge, die den Eltern gar nicht bewußt sind: ihre Einstellung zu bestimmten Situationen und Problemen, ihre unausgesprochenen Wünsche und Vorstellungen. Man weiß heute, daß viele Eigenschaften eines Menschen, die früher auf Vererbung zurückgeführt wurden, in Wirklichkeit durch

«Modell-Lernen» übertragen werden, so z. B. viele Bewegungsformen und Charaktereigenschaften, ja sogar neurotische Symptome werden von einer Generation an die nächste weitergegeben.

Nun muß aber das Verhalten des Kindes nicht immer das direkte Abbild des elterlichen Verhaltens sein. Es kann sich auch *genau entgegengesetzt* entwickeln. Das Kind lebt gerade jene Phantasien und Wünsche aus, die seine Eltern als bedrohlich empfinden und folglich aus ihrem eigenen Verhalten sorgfältig ausklammern. Oft reagieren Kinder auch aus Trotz und Ablehnung des elterlichen Verhaltens in entgegengesetzter Weise. Die Frage «Ich weiß gar nicht, woher das Kind das eigentlich hat?» findet also bei einem Kind in diesem Alter fast ausschließlich ihre Antwort im Verhalten der Personen seiner engsten Umgebung.

Aber nicht nur das Verhalten einzelner Menschen, der Eltern usw. gegenüber dem Kind dient ihm als Modell, sondern auch die Beziehung zwischen den Eltern. Ihr Vorbild prägt das soziale Verhalten, teils auch die späteren Partnerschaftsbeziehungen.

Enid Balint schreibt dazu: «Die Qualität der Objektbeziehungen zwischen Mutter und Vater, wie sie vom Kind gesehen und gefühlt wird, d. h. der Grad ihrer Fähigkeit, den Eindruck gegenseitiger Fürsorge,

Rücksichtnahme und Fairness zu vermitteln, ist ein wichtigeres Introjekt (hier: Übernahme und Verinnerlichung der erlebten Elternbeziehung, Anm. d. Verf.) als die Funktion jedes Elternteils für sich genommen» (Psyche 27, 1973, S. 123).

Die Rolle des Vaters in der Familie

Selbstverständlich ist es nicht allein die Aufgabe der Mutter, sich um die Erziehung des Kindes zu kümmern. Kinder brauchen ihren Vater vom ersten Lebenstag an! Wenn Sie ständig nur eine Person (die Mutter) als Betreuer und Vorbild haben, können sich einseitige Verhaltensformen entwickeln. Flexibilität und die Erkenntnis, daß man eine Sache auf verschiedene Weisen machen kann, werden erst durch das Zusehen und Beobachten bei mindestens einer zweiten Bezugsperson gewährleistet. (Später kommen dann noch weitere hinzu.) Die Aufgaben des Vaters beschränken sich nicht nur darauf, daß er sich am Wochenende liebevoll mit seinem Kind beschäftigt und mit ihm spielt. Er sollte möglichst auch einen Teil der Pflege übernehmen (Wickeln, Füttern), nach Möglichkeit irgend etwas regelmäßig tun.

Sexualerziehung

Bei der Formung von Charakter und Verhalten werden sogenannte «männliche» und «weibliche» Eigenschaften entscheidend von der Erziehung und Tradition beeinflußt. Frauen wird nachgesagt, sie seien passiver und anlehnungsbedürftiger als Männer und würden eher gefühlsmäßig als verstandesmäßig handeln. Von Männern dagegen werden im allgemeinen Aktivität, die Rolle des Beschützers und vernunftbetontes Handeln erwartet. So unterbindet man z. B. beim männlichen Kind schon sehr früh viele emotionale Verhaltensweisen mit der Begründung, sie seien «weichlich» und «unmännlich». Das führt zu einer Einschränkung des Gefühlsbereichs und zum einseitigen Hervorheben des Leistungsaspekts.

Besser ist: Jungen und Mädchen bekommen das gleiche Spielzeug, das gleiche Maß an Zärtlichkeit, die gleiche Unterstützung ihrer Interessen, keine Verstärkung sogenannter «männlicher» oder «weiblicher» Eigenschaften. In den nächsten Jahren erfolgt die Übernahme der Geschlechtsrolle überwiegend nach dem Vorbild der Eltern und dem, was sie von den Normen der Gesellschaft vermitteln, in die das Kind mehr und mehr hineinwächst.

Gegen Ende des zweiten Lebensjahres können sich im Gespräch bereits Fragen Ihres Kindes zu geschlechtsbezogener oder sexueller Thematik ergeben. Beantworten Sie solche Fragen immer klar, ehrlich und mit «selbstverständlicher» Stimme. Stellen Sie sich ganz auf das Kind ein: Wenn Sie das Gefühl haben, daß Sie seine Frage gut beantwortet haben und es schon wieder an etwas anderes denkt, beenden Sie Ihre Erklärung. Die ersten Informationen zur «Geburt» können Sie etwa so formulieren: «Jedes Baby wächst in seiner Mutter. Zuerst ist es sehr klein, dann wird es immer größer. Darum hat die Mutter dann einen so dicken Bauch. Wenn das Baby groß genug ist, kommt es durch die Scheide heraus.»

Um den Unterschied zwischen Jungen und Mädchen zu erklären, sagen Sie nicht einfach: «Das Mädchen hat keinen Penis.» Versuchen Sie dem Kind zu verdeutlichen, daß Geschlechtsteile beim Jungen «außen» sind, beim Mädchen jedoch im Körper liegen. Reagieren Sie nicht abweisend, wenn Ihr Kind sich mit seinen Genitalien beschäftigt und dabei Lustgefühle erlebt. Es bildet da keine Ausnahme. Verbieten Sie diese Spiele und Beschäftigungen nicht. Das würde zu überflüssigen und unsinnigen Schuld- und Angstgefühlen führen. Äußern Sie sich nicht weiter dazu, sondern bieten Sie Ihrem Kind lieber etwas Abwechslung an. Und fördern Sie Zärtlichkeiten, die sich auf alle Körperbereiche beziehen; körperliche Lustempfindungen beschränken sich ja nicht nur auf den Genitalbereich. (Falls Ihr Kind übermäßig viel onaniert, lesen Sie S. 62.)

Ihr Kind hilft mit bei der Sauberkeitserziehung

Ohne Ihren gezielten Einfluß lernt ein Kind erst im Alter von vier bis fünf Jahren ganz von selbst, seine Ausscheidungsfunktionen zu beherrschen. Das ist vielen Eltern zu spät: Sie halten es für ein Zeichen guter Erziehung, wenn ihr Kind bald «sauber» ist. Es ist eine Prestigefrage, daß das eigene Kind im Vergleich mit Gleichaltrigen möglichst gut abschneidet. Dabei wird meistens übersehen, daß die Steuerung der Ausscheidungsfunktionen nicht nur eine Sache des guten Willens und der Übung ist, sondern weitgehend von Reifungseinflüssen abhängt. Sauber werden bedeutet: einen Vorgang, der ursprünglich unwillkürlich abläuft, allmählich willentlich zu steuern. Erst wenn die körperlichen Voraussetzungen dafür vorhanden sind, können die komplizierten Übergänge und Verbindungen zwischen unwillkürlichen und willkürlichen Vorgängen langsam entwickelt werden. Die bewußte Beherrschung der Schließmuskulatur von Blase und Darm gelingt dem Kind gewöhnlich erst gegen Ende des zweiten Lebensjahres. Dann sind seine Muskeln koordiniert und genügend kräftig. Aber auch später kommt es noch manchmal vor, daß das Kind einnäßt, besonders dann, wenn es sehr müde oder aufgeregt ist. (Deshalb «passiert» es übrigens bevorzugt dann, wenn Sie mit dem Kind zu Besuch sind!) Die Kontrolle der Ausscheidungsorgane ist also kein einfacher physiologischer Reflex, sondern eine komplizierte, von Reifungsvorgängen bestimmte Verhaltensweise des «ganzen» Kindes. Diese nervliche und psychische Gesamtreaktion ändert sich ab dem Beginn des dritten Lebensjahres (zwischen dem 26. und 30. Monat) und ist großen Schwankungen unterworfen. Niemand sollte versuchen, diesen Prozeß abzukürzen. Allerdings kann er unterstützt werden: indem Sie dann beobachten, in welchem Entwicklungsstadium sich Ihr Kind gerade befindet, und Ihr Verhalten darauf abstimmen.

Entwicklung der Ausscheidungsfunktionen

Im folgenden geben wir Ihnen eine kurzgefaßte Übersicht über die Entwicklung der Ausscheidungsfunktionen im zweiten Lebensjahr. Die Sauberkeitserziehung sollte frühestens mit 26–30 Monaten beginnen, sie ist im günstigen Fall bereits innerhalb von fünf bis acht Wochen abgeschlossen.

Das erfolgreiche Vorgehen wird erleichtert, wenn der Erwachsene aufmerksam beobachtet, zu welchen Zeiten sein Kind Blase oder Darm gewöhnlich entleert. Oft sieht er es dem Kind an, daß es jetzt soweit ist. Auf diese Weise kann schon einiges im Töpfchen oder in der Toilette aufgefangen werden, was sonst in die Windeln gehen würde. Das Kind lernt gleichzeitig den Zusammenhang zwischen Entleerung und Topf. Schwierigkeiten bereitet dem Kind die Entspannung der Schließmuskulatur, die zur Entleerung nötig ist. Es kann besser verhalten als loslassen. So kommt es häufig vor, daß sich die Schließmuskeln erst dann öffnen, wenn man das Kind vom Topf nimmt. Natürlich ist das keine böse Absicht des Kindes. Es übt einfach im Sitzen seine neuerworbene Fähigkeit des Zurückhaltens. Erst etwas später lernt es, auf eigenen Wunsch hin loszulassen. (Das gleiche gilt übrigens auch für andere Muskelgruppen: So kann das Kind bereits im ersten Lebensjahr mit der Hand ohne Schwierigkeiten einen Gegenstand ergreifen oder festhalten; die geforderte Entspannung beim Herausgeben erfordert dagegen sehr viel mehr Steuerung.)

Ab 26–30 Monate gelingt beides: willentliches Zurückhalten und willentliches Entspannen. Erst dann kann man die Mitarbeit des Kindes erreichen. Eine große Hilfe ist dabei die Sprache. Die meisten Kinder kennen nun schon den Zusammenhang zwischen dem Wort «A-A», ihren Ausscheidungen und dem Töpfchen. Sie können sich manchmal auch schon im voraus melden oder mit «Nein» antworten, wenn die Mutter fragt, ob sie auf den Topf müssen. Meistens meldet sich ein Kind in diesem Alter aber erst, wenn die Hosen schon voll sind. In den folgenden Monaten macht es immer häufiger darauf aufmerksam und kündigt oft an, daß es jetzt gleich «muß».

Beim zweijährigen Kind haben sich beide Funktionen soweit eingependelt, daß es leicht sauber bleibt. Es meldet sich, wenn es muß, es zieht sich vielleicht sogar schon selbst das Höschen aus. Mit nächtlichem Einnässen muß man aber auch jetzt noch rechnen.

Während dieses ganzen Zeitraums kommt es vor, daß das Kind mit seinen Ausscheidungsprodukten spielen möchte. Das ist eine natürliche und vorübergehende Erscheinung, die mit der allgemeinen Neugier auf alle Dinge zusammenhängt. Man kann das jedoch weitgehend vermeiden, indem man das Kind nicht mit dem Töpfchen allein läßt oder ein Spielzeug zur Ablenkung bereithält.

Praktische Anleitung

Man kann davon ausgehen, daß das Kind von selbst Bemühungen in Richtung «sauber werden» macht, wenn es entwicklungsmäßig «reif» dazu ist. Die Aufgabe der Eltern besteht nur darin, diese Bemühungen zu unterstützen und ihm die nötigen Hilfsmittel anzubieten. Wenn man die Sauberkeitserziehung in diesem Sinn als ein Angebot an das Kind auffaßt, kann man eigentlich keine schwerwiegenden Fehler machen. Wir wollen Ihnen zusammenfassend Regeln aufzählen, die Ihnen das richtige Verhalten erleichtern:

– Es ist zweckmäßig, eine systematische Sauberkeitserziehung erst vom 24./26. Monat an (oder später) zu beginnen, da erst zu diesem Zeitpunkt eine bewußte Kontrolle der Schließmuskeln möglich wird. Die Trockenpausen betragen zu diesem Zeitpunkt bis zu drei Stunden. Außerdem kann das Kind jetzt sicher gehen und sitzen. Es kann sich mitteilen und die Bedeutung Ihrer Worte verstehen.
– Zeigen Sie Ihrem Kind die schmutzigen Windeln, damit es begreift, was das Wort «A-A» bedeutet, und erklären Sie ihm auch, daß das Häufchen ins

Töpfchen oder in die Toilette gehört.

– Bringen Sie Ihrem Kind auch das Wort «A-A» bei (oder ein anderes, einfaches Wort für das «große Geschäft»), damit es lernt, wie es sich melden soll.

– Setzen Sie Ihr Kind probeweise aufs Töpfchen, wenn Stuhlgang zu erwarten ist (meist nach dem Aufwachen oder nach den Mahlzeiten).

– Sagen Sie dabei «A-A», und veranlassen Sie das Kind, dies selbst auszusprechen.

– Lassen Sie Ihr Kind jeweils nur ein paar Minuten auf dem Topf sitzen, auch wenn sich kein Erfolg einstellt. Sonst gewöhnt es sich an, auf dem Töpfchen zu spielen, und betrachtet die «Sitzung» nicht mehr als eindeutige Aufforderung zur Entleerung.

– Zeigen Sie keine große Enttäuschung, wenn die «Sitzung» erfolglos war.

– Loben Sie Ihr Kind, wenn es geklappt hat. Betrachten Sie den Erfolg als ein Geschenk, das Ihnen gemacht wird. Natürlich dürfen Sie nicht übertreiben und einen Kult daraus machen. Verschrecken Sie Ihr Kind nicht mit Naserümpfen (über den Geruch) oder mit Worten des Ekels.

– Nehmen Sie ihm sein «Produkt» nicht einfach fort, sondern erklären und zeigen Sie ihm, was weiterhin damit passiert.

Manche Mütter haben während der Sommerzeit schon mit der folgenden Methode Erfolg gehabt: Sie ließen das Kind oft nackt im Freien spielen. Sobald das Kind Urin oder Stuhl abgeben will, bemerkt es sofort die (unliebsamen) Konsequenzen. Das hilft ihm, die willentliche Kontrolle rasch aufzubauen und sich rechtzeitig mit seinem Bedürfnis bemerkbar zu machen. Voraussetzung ist allerdings, daß das Kind mindestens 24 Monate alt ist.

Sauberkeit im Erleben des Kindes

Die Ausscheidungsvorgänge sind in unserer Kultur stark tabuiert. «Man» spricht nicht darüber, «man» verbirgt es peinlich. Das Kind kennt diese Tabus nicht. Im Gegenteil, es hat ausgesprochene Lustempfindungen bei der Darmentleerung. In seinem ersten Lebensjahr läßt man es dabei auch gewähren. Nun, im zweiten Lebensjahr, soll es sich plötzlich nicht mehr seinen lustvollen Empfindungen überlassen können, sondern sie verzögern und nur unter bestimmten Umständen genießen dürfen. Dann nämlich, wenn es auf dem Topf sitzt. Es ist für das Kind nicht einfach, dies zu verstehen.

Es ist wichtig, daß das Kind lernt, sich selbst zu beherrschen. Doch sollte dies freiwillig geschehen, nicht unter Zwang und nicht aus Angst vor einer möglichen Bestrafung. Niemand beschimpft ein kleines Kind, wenn es sich beim Laufen noch ungeschickt anstellt und immer wieder hinfällt: «Es kann ja nichts dafür, es ist ja noch so klein!» Merkwürdigerweise ist das bei der Sauberkeitserziehung anders. Hier heißt es oft: «Das Kind kann schon, wenn es nur will. Das hat es ja schon bewiesen. Es soll eben aufpassen und sich Mühe geben!»

Der Kampf ums Töpfchen ist unsinnig und vermeidbar, wenn man von dem Gesichtspunkt der Reife ausgeht. Rückfälle sind keine Bosheit des Kindes, sondern entwicklungsbedingte Schwankungen. Zu früh einsetzende Dressur kann nur zu vorübergehenden Scheinerfolgen führen. Außerdem erzeugt sie im Kind eine negative Einstellung gegenüber der Sauberkeitserziehung, die auch dann noch beibehalten wird, wenn das Kind reifemäßig in der Lage wäre, seine Ausscheidungsvorgänge zu beherrschen. So entstehen Trotzreaktionen und andere psychische Störungen. Auch die Frage «Muß ich alles auf Kommando hergeben, oder darf ich auch etwas für mich behalten, wenn ich mag?» wird nach psychoanalytischer Auffassung für das gesamte weitere Leben bedeutsam. Wenn sich die Eltern in dieser Angelegenheit zu streng verhalten, sind Autoritätskonflikte, Schuldgefühle und blinder Gehorsam die Folge.

Denken Sie auch daran, daß Ihre eigene Haltung zum Saubermachen, Wickeln und zu den Ausscheidungsprodukten des Kindes die Einstellung des Kindes zu seinem Körper und zu dem, was aus ihm herauskommt, beeinflußt. Es empfindet diese Produkte als einen Teil seiner selbst und damit als eine völlig normale Sache!

Zum Abschluß noch eine technische Frage: Toilette oder Töpfchen? Lassen Sie diese Entscheidung von Ihrem Kind treffen. Gewöhnlich ist für dieses Alter das Töpfchen noch praktischer. Möchte Ihr Kind jedoch unbedingt auf die Toilette gehen, dann sollten Sie nachgeben (dafür gibt es Spezial-Kindereinsätze). Da der Erwachsene in jeder Hinsicht als Vorbild angesehen wird, sind diese Reaktionen normal. Deshalb noch einen Tip für sehr freie Eltern: Schwierigkeiten bei der Sauberkeitserziehung können manchmal schlagartig behoben werden, wenn Sie dem Kind ein oder mehrere Male genau zeigen, wie man's macht!

Erziehungsschwierigkeiten und Verhaltensstörungen

Auch in diesem Alter ist es sehr schwer, die Grenzen des normalen Verhaltens zu bestimmen. Nicht jede Unregelmäßigkeit muß gleich eine Verhaltensauffälligkeit oder Störung des Kindes sein. So sind geringer Appetit oder Einschlafschwierigkeiten gegen Ende des zweiten Jahres durchaus keine Seltenheit. Auch motorische Eigenarten kommen vor: Manche Kinder wippen vorübergehend auf Händen und Füßen, rollen den Kopf vor dem Einschlafen unruhig hin und her oder stoßen mit ihm gegen das Bett. Gelegentliche Beschäftigung mit den Genitalien oder Daumenlutschen braucht die Eltern nicht zu beunruhigen. Diese Erscheinungen tauchen auf und verschwinden gewöhnlich von selbst wieder, ohne Schäden zu hinterlassen. Erst wenn diese Eigenarten sehr auffällig werden oder längere Zeit dauern, handelt es sich um Signale dafür, daß das seelische Gleichgewicht des Kindes ernsthaft gestört ist. Eltern sollten dann mit einem Erziehungsberater oder Kinderarzt sprechen. Beide können helfen, die Ursachen zu erforschen, und gegebenenfalls eine therapeutische Maßnahme oder eine Therapie einleiten.

Eßstörungen

Ein Kind, das überhaupt nichts mehr (oder fast nichts) essen will, zeigt damit eventuell an, daß seine seelische Problematik bedeutsamer geworden ist als das elementare Bedürfnis, den Hunger zu stillen. Das kann passieren, wenn ihm plötzlich die Liebe vertrauter Personen entzogen wird, wenn ihm Zärtlichkeit fehlt, wenn es stark in seinem Bewegungsdrang eingeengt wird oder wenn in seiner Umgebung Hetze und Spannungen herrschen. Wenn es dann trotzdem widerwillig ißt, erbricht es hinterher häufig die Nahrung. Eßstörungen treten jedoch auch häufig in Familien auf, in denen besonders großer Wert aufs Essen gelegt wird, in denen die Eltern überbesorgt verfolgen, ob ihr Kind gut ißt. Sie benutzen oft jede Gelegenheit, dem Kind etwas in den Mund zu stopfen, womöglich sogar mit Gewalt.

Kinderpsychologen haben festgestellt, daß mit der «Überfütterung» von Kindern aus einer Überängstlichkeit der Mütter heraus eine geheime Ablehnung des Kindes verbunden sein kann: Die Mutter beschwichtigt ihr schlechtes Gewissen, indem sie ihr Kind «vollstopft». Nahrungsverweigerung ist in diesem Fall ein Protest des Kindes gegen die feindlich erlebte Mitwelt.

Schlafstörungen

Hierbei muß man unterscheiden zwischen den harmloseren Einschlafstörungen und den anhaltenden Durchschlafstörungen. Zu Beginn des zweiten Jahres sind Angstreaktionen vor dem Schlafengehen so häufig, daß für sie der Begriff «Einjahresangst» geprägt wurde. Das Kind erlebt allmählich bewußt sein eigenes Ich und die Auflösung der «Symbiose» Mutter–Kind. Besonders in der Dunkelheit, wenn der Blickkontakt mit der Umwelt nicht mehr möglich ist, kann sich dieses Erleben bis zur Angst vor dem Verlassenwerden steigern. Wenn ein Kind vor dem Einschlafen weint oder schreit, sollten Sie verständnisvoll auf seine Furcht eingehen, z. B. ein gedämpftes Licht brennen lassen und die Tür des Kinderzimmers öffnen, damit es noch eine Weile die vertrauten Stimmen hören kann. Schlaf- oder Beruhigungsmittel sollten jedoch nicht gegeben werden. Hartnäckige Durchschlafstörungen, die nicht organisch erklärt werden können, sind ein Zeichen für eine tiefgehende Beunruhigung des Kindes. Es fühlt sich elementar bedroht, so daß ihm die nötige Entspannung während des Schlafens nicht gelingt. Der Grund kann nur mit Hilfe eines Kinderpsychologen geklärt werden. Als Ursache für Schlafstörungen kommt aber auch zu geringe Müdigkeit des Kindes in Frage. Es braucht zu Beginn des zweiten Lebensjahres ja nur noch 12 bis 14 Stunden Schlaf, gegen Ende des Jahres sogar noch weniger.

Motorische Eigenarten

Manche Kinder werfen ihren Kopf oder den ganzen Körper stundenlang hin und her, wenn sie im Bett liegen, oder schlagen den Kopf sogar heftig gegen die Gitterstäbe. Andere kauen an ihren Fingernägeln. In seltenen Fällen ist auch Haarausreißen zu beobachten: Büschelweise rupft sich das Kind Haare aus, so daß kahle Stellen sichtbar werden. Solche Verhaltensweisen können zum Teil sehr beunruhigende Formen annehmen. Sie sind Ausdruck einer starken inneren Spannung, die auf diese Weise ein Ventil sucht.

Leicht zu beseitigen ist die motorische Unruhe, wenn das Kind in seinem Bewegungsdrang eingeschränkt ist: Ein Strampelsack (oder ein Laufstall) ist für fast alle Kinder eine unerwünschte Einengung und Belastung.

In schweren Fällen liegt die Ursache in einer «inneren Beengung». Ein Kind, das seine spontanen Impulse ständig unterdrücken muß, weil seine Umwelt mißbilligend darauf reagiert oder sie verbietet, versucht auf diese unnatürliche Weise, den inneren Druck zu vermindern. Das kann sogar dazu führen, daß es sich selbst Schmerzen zufügt. Ebenso führt der Mangel an liebevoller Zuwendung gelegentlich zu Spannungen, die das Kind durch rhythmische Bewegungen abzuleiten versucht.

Onanie

Wenn ein Kind gelegentlich an seinen Geschlechtsorganen spielt, ist dies nicht als Störung anzusehen. Wird es jedoch zu einer Hauptbeschäftigung oder zu einer regelmäßigen Gewohnheit vor dem Einschlafen oder in jeder angst machenden Situation, muß man sich überlegen, warum das Kind zu dieser Ersatzbefriedigung Zuflucht nimmt: ob das Kind vernachlässigt wird, ob es zu selten zu Aktivitäten angeregt wird, ob es ihm «langweilig» ist, ob es Onanieren bei anderen Kindern beobachtet hat, ob das zur bevorzugten Erregungs- und Lustquelle geworden ist. So selbstverständlich diese Spiele mit dem eigenen Körper auch sind – versuchen Sie Ihrem Kind auch zu sagen, daß es das nicht in Gegenwart anderer tun sollte. Es sind sonst negative Etikettierung, soziale Isolierung und Spielhemmungen zu erwarten. Gutes

Zureden, Ablenkungsmanöver oder gar Strafen nützen hier nichts. Wenn ein Kind Auffälligkeiten zeigt, so ist das der Ausdruck einer inneren Bedrängnis. Verbietende Maßnahmen machen die Situation nur noch schwieriger.

Fehlentwicklungen

Die beschriebenen Störungen entstehen natürlich nicht, wenn Ihnen zwischendurch einmal ein kleiner Fehler in der Erziehung unterläuft. Bleibende Schäden werden weniger durch einmalige «traumatische Eindrücke» verursacht als durch viele kleine Beeinträchtigungen, die alle in die gleiche Richtung wirken, nach dem Motto «Steter Tropfen höhlt den Stein». Die Folgen werden oft erst nach Jahren sichtbar.

Im zweiten Lebensjahr muß sich ein Kind mit großen neuen Aufgaben auseinandersetzen: mit dem Laufen, der Sauberkeitserziehung und der Sprache. In diesen Bereichen ist es jetzt besonders anfällig für schädigende und behindernde Einflüsse, da es sich gewissermaßen noch «in Ausbildung» befindet.

So begünstigt eine verfrühte und strenge Sauberkeitserziehung die Entstehung eines zwanghaften Charakters. Das heißt: Solche Kinder werden später übertrieben pedantisch und sauber. Sie neigen auch als Erwachsene dazu, sich und ihre Umgebung übermäßig zu kontrollieren, und verlieren jegliche Spontaneität. Sie sind von Zweifeln und Schuldgefühlen geplagt. Weiterhin kann das zu schweren Arbeits- und Kontaktstörungen führen. Autoritätskonflikte und versteckte Aggressionen erschweren ein ungezwungenes soziales Verhalten. Angesichts der wesentlichen Erleichterung durch Waschmaschine oder Einmalwindeln gibt es heute keinen vernünftigen Grund mehr, das Kind unter Druck zu setzen.

Auswirkungen auf das ganze weitere Leben hat auch eine zu starke Eineingung im motorischen Bereich. Es gibt Mütter, die ihre Kinder am liebsten immer im Babystadium halten würden: anschmiegsam und hilflos. Wenn das Kind die ersten selbständigen Schritte macht, reagieren sie mit Angst, weil es sich dann aus ihrer Nähe entfernt. Den Bewegungs- und Forschungsdrang erleben solche Mütter als persönliche Gefahr, ihr Kind zu verlieren, bezeichnen ihre Besorgnis jedoch als Sorge für das Kind. Dadurch wird die Entwicklung des Kindes stark beeinträchtigt: es wird unselbständig, ängstlich, eventuell sogar depressiv.

Im zweiten Lebensjahr können schon erste Ansätze für spätere Sprachstörungen liegen, z. B. für Formen des Stotterns oder für das psychogene Schweigen, den Mutismus. Damit die Sprachentwicklung ungestört verläuft, muß sie möglichst frei von Konflikten bleiben und in einer Atmosphäre stattfinden, in der Sprechen Spaß macht.

Ein Kind kann leicht die Lust am Sprechen verlieren, wenn seine Äußerungen und Bitten kein Gehör finden. Es spricht dann nur noch mit bestimmten Personen, oder es verstummt sogar von einem Tag auf den anderen völlig. Seine Reaktion drückt dann aus: Es ist nicht der Mühe wert, etwas mitzuteilen!

Bei Kindern, die als Vier- oder Fünfjährige stottern, bleibt zwar das Bedürfnis, sich mitzuteilen, erhalten. Aber das Sprechen ist manchmal voller Widersprüche: Kommt man selbst genügend zu Wort, hört der andere geduldig zu? Darf man auch Aggressionen und Wut in Worten ausdrücken, oder muß man immer schön lieb sein und schlucken? Was darf gesagt werden? Was muß man verschweigen? Was darf man fragen und was nicht?

Vor allem Eltern, die im eigenen Redeschwall die anfangs noch zögerlichen Sprachäußerungen ihres Kindes überfahren, können es zum Stotterer machen.

Kinder unter sich –
gegeneinander und miteinander

Jetzt werden
andere Kinder interessant

Im ersten Lebensjahr stand die enge Bindung an die Mutter und wenige vertraute Erwachsene im Vordergrund des kindlichen Erlebens. Sie befriedigte weitgehend sein Bedürfnis nach sozialem Kontakt. Etwa vom vierten Monat an lächelte es aber auch bereits andere Babys an, im sechsten Monat begannen die ersten freundlichen Annäherungsversuche: Es schaute sie an, streckte die Hände nach ihnen aus und betastete sie. Um den ersten Geburtstag herum kann man ein erstes kurzes Zusammenspielen zwischen Gleichaltrigen beobachten. Sie ahmen sich im Verhalten und in der Stimme nach, sie schenken dem anderen vielleicht sogar spontan die Spielsachen. Hier sind prosoziale (positiv auf andere gerichtete) Kontakte deutlich erkennbar. Allerdings wird aus dem Miteinander auch schnell ein Gegeneinander. Es kommt zu Tränen und Wutausbrüchen, wenn ein Kind dem anderen das Spielzeug wegnimmt. Oder die Kinder untersuchen sich neugierig und zerren sich unsanft an Kleidern und Haaren oder greifen sich zu heftig ins Gesicht – die Folgen des eigenen Handelns können noch nicht eingeschätzt werden. Noch das eineinhalbjährige Kind ist so sehr mit seinen eigenen Handlungen beschäftigt, daß es (unbeabsichtigt) gegen das andere läuft und es umstößt.

Viele Eltern glauben deshalb, daß ein Kind dieses Alters noch keine gleichaltrigen Spielgefährten brauche. In Wirklichkeit empfindet es trotz gelegentlicher Streitereien die Anwesenheit eines anderen Kindes als eine Bereicherung, als positive Anregung. Es ist fröhlich und interessiert bei der Sache, auch wenn es zwischendurch zu kleinen Zusammenstößen kommt.

In den folgenden Monaten nimmt der Streit um Spielzeug ab. Das Interesse gilt jetzt mehr dem anderen Kind. Spielzeug ist nun häufig ein Mittel, um Beziehungen anzuknüpfen. Die gemeinsamen Spiele dauern länger, die Kinder passen sich dabei schon einander an. Das Zweijährige geht von sich aus zu spielenden Kindergruppen oder schaut ihnen versunken zu. Ein gemeinsames Spiel mit der ganzen Gruppe ist allerdings noch nicht möglich. Die Kinder beschäftigen sich hauptsächlich nebeneinander oder wechseln von einem Spielpartner zum anderen. Es genügt also, wenn Ihr Kind jetzt ein oder zwei bevorzugte Spielfreunde hat. Auch jetzt gibt es noch häufig kurze, aber heftige Auseinandersetzungen. Die Kinder nehmen sich gegenseitig die Spielsachen weg, um ihre eigene Überlegenheit zu erleben. Häufig ist das auch ein Rivalisieren um die Aufmerksamkeit des Erwachsenen, die jeder eifersüchtig auf sich ziehen möchte.

Was tun, wenn Kinder raufen?

Streitereien zwischen Kindern bedeuten nicht, daß sie sich nicht leiden können. Unmittelbar danach ist der Streit vergessen, und sie sind wieder «ein Herz und eine Seele».

Da Auseinandersetzungen in diesem Alter ungehemmt körperlich ausgetragen werden, sollten Sie die Kinder immer im Auge behalten, um ernstere Verletzungen zu verhindern. So können Sie auch vermittelnd eingreifen, wenn das schwächere Kind ständig unterliegt. Behandeln Sie die Kampfhähne möglichst unparteiisch, aber seien Sie auch nicht zu streng mit Ihrem eigenen Kind, nur weil Sie es keinesfalls bevorzugen wollen. Es muß sich jederzeit zu Ihnen flüchten können und Schutz vor Angriffen finden. Bei Ihnen holt es sich die Sicherheit zu neuen Kontaktversuchen und neuen Auseinandersetzungen.

Diese «Machtproben» sind nötig und sinnvoll. Die Kinder lernen dabei, ihre Fähigkeiten einzuschätzen und zu vergleichen. Erwarten Sie nicht, daß Ihr Kind jetzt schon großzügig teilen kann. Es will alles selbst besitzen, das Abgeben wird noch als Verlieren erlebt. Gibt ein Kind dennoch freiwillig etwas ab, läßt das darauf schließen, daß es reichlich Spielsachen besitzt und auch sonst nicht zu kurz kommt. Ein Teil der Auseinandersetzungen kann vermieden werden, wenn Sie für die (beiden) Kinder die gleichen Spielsachen bereithalten.

Mit zwei Jahren zeigt ein Kind bereits ausgeprägte Vorlieben für bestimmte Spielkameraden. Sie haben großen Einfluß auf sein Verhalten, da es unterschiedslos alles nachahmt. Es übernimmt die übermäßig zerstörerischen Verhaltensweisen des einen Kindes ebenso wie die positiven Eigenschaften eines anderen. Nicht jedes gleichaltrige Kind ist also ein geeigneter Spielgefährte, und Sie können durch die Wahl eines Spielpartners erzieherisch Einfluß ausüben.

Die Bedeutung eines gleichaltrigen Spielfreundes

♦ Für das Einzelkind:
Wenn Sie möchten, daß Ihr Kind soziale Einstellungen erwirbt und daß es später in Gruppen angemes-

sene Verhaltensweisen zeigt, geben Sie ihm schon früh Gelegenheit zu verschiedenartigen Kontakten.

Die Beziehung zu Erwachsenen übt andere soziale Muster als der Umgang mit einem gleichaltrigen Kind. Der Erwachsene zeigt seine eigenen, gewohnten Verhaltensweisen und wirkt dadurch auf das Kind im Sinne des Modell-Lernens. Er stellt sich darüber hinaus auf das Kind ein, leitet es an und lenkt es durch Lob und Zuwendung. Das Kind vergleicht sich nicht direkt mit ihm. Seine Selbsteinschätzung entwickelt sich indirekt über die Bewertung durch den Erwachsenen.

Der Umgang, das Spielen mit Kindern, die ihm ja entwicklungsmäßig näher stehen, ermöglicht deshalb eine realistischere Einschätzung der eigenen Fähigkeiten. Dadurch wird schon jetzt die Bildung eigener Wertmaßstäbe vorbereitet, die es später unabhängiger vom Urteil seiner Autoritätspersonen machen. Selbständigkeit und Selbstvertrauen nehmen zu. Gleichzeitig bildet sich sein Gefühl für Gerechtigkeit. Sich auf andere einzustellen, sich anzupassen und zu teilen, lernt es wesentlich auch von gleichaltrigen Partnern.

♦ Für Kinder mit Geschwistern: Selbst wenn Ihr Kind Geschwister hat, können diese den gleichaltrigen Spielkameraden nicht ersetzen. Vergleichen Sie: das 24 Monate alte Geschwister ist für das 12 Monate alte Kind doppelt so alt, das 36 Monate alte für das 24 Monate alte Kind immer noch eineinhalbmal so alt (wie ein Achtzehnjähriger zu einem Zwölfjährigen).

Ein jüngerer Bruder (eine jüngere Schwester) ist für das Kind im zweiten Lebensjahr zum Spielen noch viel zu klein. Und mit dem älteren Kind spielt es zwar gerne und übernimmt dessen reifere Verhaltensweisen, es gewinnt so wahrscheinlich sogar einen Entwicklungsvorsprung. Die Verhaltensweisen des älteren Kindes überfordern das jüngere jedoch oft. Es kann sie noch nicht in das eigene Verhalten einbauen, weil sie noch nicht seinen Möglichkeiten entsprechen.

Für das ältere Geschwister könnte sich der ausschließliche Umgang mit dem kleineren Kind jedoch entwicklungshemmend auswirken, wenn es zuwenig altersgemäße Entfaltungsmöglichkeiten hat. Eine weitere Gefahr liegt in der einseitigen Rollenfestlegung. Das ältere Kind (bei Geschwistern) soll immer Rücksicht nehmen, vernünftig und überlegen sein, das jüngere erlebt möglicherweise ständig kleine Niederlagen, weil es die Leistungen des älteren nicht erreichen kann. Selbstverständlich sollen Geschwister dennoch miteinander spielen – aber jedes von ihnen soll auch häufig Kontakte mit altersgleichen, anderen Kindern haben.

Außerdem erlebt so jedes Kind, daß es nicht nur eine bestimmte Rolle in der Familie hat, sondern daß es eine eigenständige Persönlichkeit ist. Das Spielen mit Freunden ist gleichzeitig das beste Mittel, Konflikten und Spannungen vorzubeugen, die durch das häufige Zusammensein von Geschwistern unweigerlich entstehen. Es ist erstaunlich, wie gut sich Geschwister vertragen, wenn sie nicht miteinander spielen «müssen». Das gemeinsame Spielen von Geschwistern mit geringerem Altersabstand kann allerdings, wenn andere störende Einflüsse nicht auftreten (z. B. Rivalität um die Zuneigung der Mutter oder des Vaters), mit jedem weiteren Lebensjahr auch besser werden, also für beide entwicklungsanregend sein.

♦ Für Zwillinge:
Zwillinge können sich oft stundenlang miteinander beschäftigen. Sie verstehen sich so gut, daß sie auch später oft kein Bedürfnis nach Kontakt mit anderen haben. Eltern sollten aber nicht glauben, daß ihre Zwillinge «genug aneinander haben». Im Gegenteil! Sie brauchen unbedingt auch Freundschaften mit anderen Kindern. Anderenfalls bilden sie einen «geschlossenen Kreis» und nehmen zuwenig Anregungen von außen auf. Das führt dann dazu, daß sie trotz guter intellektueller Voraussetzungen in vielen Bereichen hinter Gleichaltrigen zurückbleiben.

Einzelkind

Die meisten Eltern sind der Ansicht, ein Kind brauche Geschwister, Einzelkinder würden zwangsläufig verwöhnt, egoistisch und lebensuntüchtig. Wissenschaftliche Untersuchungen haben jedoch gezeigt, daß diese Meinung falsch ist. Einzelkinder haben sogar, wenn die notwendigen ausgleichenden Maßnahmen nicht übersehen werden, sehr gute Entwicklungsmöglichkeiten.

Sie besitzen im Durchschnitt eine bessere körperliche und psychische Verfassung als Geschwister: Sie sind weniger ängstlich, können sich leicht anpassen, zeigen in vielen Bereichen höhere Leistungen und lassen sich nicht unterdrücken. Ähnlich positiv schneiden übrigens auch Erstgeborene mit einem relativ großen Altersabstand zu den nachfolgenden Geschwistern ab.

Das alles läßt sich durch die intensive Förderung und ungeteilte Zuwendung besonders in den ersten Lebensjahren erklären. Starke Verwöhnung, Isolierung von anderen Kindern und zu hohe Erwartungen der Eltern können sich aber auch ungünstig auf das Einzelkind auswirken. Ein so erzogenes Kind bleibt dann unselbständig, ängstlich und neigt zu altklugem oder clownhaftem Auftreten.

Geschwister

Kinder, die unter Geschwistern aufwachsen, erleben sich je nach ihrer Stellung innerhalb der Geschwisterreihe verschieden. Bei geschicktem Verhalten der Eltern finden diese Kinder leichter zu einem sozialen Miteinander als Einzelkinder, das gilt vor allem für das Verhalten innerhalb altersgemischter Kleingruppen. Sie beziehen aus der Gruppe einen starken Rückhalt und ein ausgeprägtes «Wir-Gefühl». Sie entwickeln einen starken Sinn für Gerechtigkeit, lernen aber auch, die Menschen mit ihren verschiedenen Fähigkeiten zu respektieren. Daher fällt es ihnen leichter als Einzelkindern, ungleiche Behandlung, wie sie überall in unserer sozialen Wirklichkeit anzutreffen ist, ohne allzu starke Frustrationen zu verarbeiten.

Stellung in der Geschwisterreihe

Es läßt sich also nicht pauschal beantworten, ob es für ein Kind besser ist, unter Geschwistern aufzuwachsen oder die ungeteilte Aufmerksamkeit und Liebe der Eltern zu besitzen. Jede Situation bringt sowohl Vor- als auch Nachteile mit sich, die durch die Wahl der ergänzenden Spielfreunde und durch Ihr eigenes Verhalten ausgeglichen werden sollte.

Das gilt auch für die Stellung innerhalb der Geschwisterreihe. Es liegt überwiegend an den Eltern, wie ein Kind die Rolle des älteren oder jüngeren Bruders bzw. der älteren oder jüngeren Schwester erlebt und verarbeitet.

Je mehr Kinder in einer Familie leben, desto sicherer fühlen sich das älteste und das jüngste Kind. Ihre Rollen sind genau definiert und werden ihnen von niemandem streitig gemacht.

Die «mittleren» Kinder dagegen haben häufig Schwierigkeiten, die mit der Anzahl der Kinder steigen, da sie sowohl mit dem älteren wie auch mit dem jüngeren Rivalitätskonflikte austragen müssen. Die Gefahr, daß das «Nesthäkchen» bevorzugt wird, ist bei diesen Familien größer als bei der Zwei-Kind-Familie. Dadurch fällt es ihm später schwer, die notwendigen Pflichten zu akzeptieren und zu erfüllen. Die Älteren reagieren ihre Eifersucht untereinander ab, nicht jedoch gegenüber dem Jüngsten.

Der Einfluß des elterlichen Verhaltens

Die meisten Eltern sind der Meinung, daß sie alle Kinder gleich gern haben und auch alle gleich behandeln. Würden sie sich ganz genau beobachten, so könnten sie jedoch wahrscheinlich erkennen, daß sie doch kleine Unterschiede machen. Bei einem Kind sind sie vielleicht mal strenger, bei dem anderen nachsichtiger, ein Kind ist mehr der Liebling der Mutter, das andere der des Vaters. Die Kinder spüren natürlich die ungleiche Behandlung und reagieren mit bestimmten Verhaltensweisen darauf. Dann ziehen die Erwachsenen u. U. den Schluß daraus, das sei eben seine besondere «Charaktereigenschaft»!

Um allen Kindern gleichmäßig gerecht zu werden, brauchen Eltern also ein waches Einfühlungsvermögen und Verständnis. Sie müssen die bestimmten Positionen innerhalb der Geschwisterreihe berücksichtigen und sich in die spezielle Lage jedes Kindes einzufühlen versuchen. Wenn sie gezielt für jedes Kind besondere Wünsche bei bestimmten Gelegenheiten erfüllen, kann dennoch die gelegentliche Bevorzugung des einen oder anderen Kindes auf Dauer gut ausgeglichen sein.

♦ Das älteste Kind:
Nur selten wird es das nachkommende Kind problemlos aufnehmen. Es muß jetzt plötzlich die

bisher ganz auf es konzentrierte Liebe der Eltern mit einem Bruder oder einer Schwester teilen, die Mutter kann ihm außerdem nicht mehr soviel Zeit widmen. Es ist also verständlich, daß das Kind auf diese «Entthronung» eifersüchtig und vielleicht sogar aggressiv reagiert. Diese Eifersucht kann man nicht nur mit Worten bekämpfen. Es genügt auch nicht, daß der Vater sich nun intensiver um das älteste Kind kümmert, weil es sich sonst von der Mutter abgeschoben fühlt. Appelle an Einsicht und Vernunft nützen wenig – auch Erwachsene können in «Gefühlsdingen» oft schwer «vernünftig» handeln. Was sollten Sie also tun? Lassen Sie Ihrem Kind Zeit, sich an den Neuankömmling zu gewöhnen. Bestätigen Sie es von nun an besonders stark in seinen Fähigkeiten, die es aufgrund seines Altersvorsprungs bereits erworben hat, loben Sie es noch ein bißchen mehr! Verlangen Sie aber nicht durchgehend eine «reife», «vernünftige», «gehorsame» Haltung, und machen Sie es nicht zum «Babysitter» für das kleinere Kind. Geben Sie ihm viele altersgemäße Betätigungs- und Entfaltungsmöglichkeiten. Es darf z. B. mit anderen Kindern spielen, seine Freunde mit nach Hause bringen usw. Mit dem jüngeren Kind braucht es nur dann zu spielen, wenn es Lust dazu hat. Keinesfalls soll es gezwungen werden, sein Spielzeug an das jüngere abzugeben.

Bei einem Altersunterschied von eineinhalb bis drei Jahren sind übrigens Konkurrenz und Eifersucht am stärksten ausgeprägt.

◆ Das jüngste Kind:
Es wird später meist kontaktfreudig, heiter und selbstsicher sein. Wenn es zu sehr verwöhnt wird, neigt es dazu, immer kindlich zu bleiben und Scheu vor Verantwortung und Eigeninitiative zu haben. Bitten Sie auch Ihre Umgebung darum, das Nesthäkchen nicht zu sehr zu verwöhnen und bei ihm alles niedlich zu finden (auch die Unarten!). Schützen Sie es jedoch vor der Herabsetzung durch die älteren Geschwister. Wenn es sich immer unterlegen fühlen muß, kann es keine Selbstsicherheit entwickeln. Es überdeckt seine Minderwertigkeitsgefühle dann später vielleicht mit Prahlerei und leichtsinnigen Handlungen. Ermöglichen Sie ihm viel Kontakt mit gleichaltrigen Freunden.

◆ Das mittlere Kind:
Aufgrund seiner Mittelstellung kann es keine besonderen Vorteile aus einer Rolle beziehen. Es ist weder das überlegene ältere Kind noch das «süße» jüngste. Deshalb sollten Sie es besonders beachten. Vielleicht können Sie eine spezielle Begabung bei ihm entdecken, die gefördert wird und ihm Lob und Anerkennung bringt. Das hebt sein Selbstwertgefühl und verleiht ihm nun doch eine besondere Rolle. So vermeiden Sie auch, daß es ständig nach beiden Seiten hin rivalisiert und seine Rolle ständig wechseln muß.

Kindergruppen – eine gute Lösung für Sie und Ihr Kind

Viele junge Eltern haben mit der Situation, ein Kind zu haben, das sie (meistens immer noch die Mutter) nahezu ohne Unterbrechung den ganzen Tag beschäftigt, erhebliche Probleme. Wenn es auch Ihnen so geht, stehen Sie also nicht allein da. Wie kann man dieses Problem lösen?

Babynest und Minigruppe

Da ist z. B. die Möglichkeit, sich mit anderen Eltern in gleicher Situation zu befreunden, mit ihnen oder noch weiteren Eltern eine kleine Gruppe zu bilden, ein Baby-Nest, einen Mini-Club, eine Kleinstkind-Spielgruppe zu beginnen. Sie treffen sich mit diesen Eltern/Müttern und Kindern in der einen oder anderen Wohnung. Zwei bis vier Kinder in etwa gleichem Alter lernen miteinander zu spielen. In der Zwischenzeit können die Erwachsenen Erfahrungen austauschen und erleben, wie sich die Spielgefährten entwickeln usw.

Im Laufe der Zeit ist Ihr Kind so mit diesen Müttern oder auch Vätern vertraut, daß Sie nicht ständig dabeisein müssen – Sie wechseln also mit der Betreuung ab, gewinnen ein wenig Zeit, um sich zu erholen, einzukaufen, zum Arzt zu gehen oder einmal zügig die wichtigsten Dinge zu erledigen, die liegengeblieben sind.

Nach einen bestimmten Rhythmus haben Sie die Aufsicht, oder Sie gewinnen auch mal stunden- oder halbtageweise eine pädagogisch ausgebildete Fachkraft, die diese Aufgabe allein oder unterstützt durch eine Mutter übernimmt.

Kinderkrippe

Bitte zucken Sie nicht zusammen – eine Kinderkrippe ist nicht mehr das, was sie 1960–1980 war. An dieser Einrichtung wird ständig gearbeitet, so daß sie immer besser wird. Waren es vor ca. 10–20 Jahren noch bis zu zwölf Kinder, die von einer einzigen Kraft beaufsichtigt und gepflegt werden mußten, sind es jetzt vielfach nur noch fünf bis sieben Kinder, die von einer Erzieherin, Kinderpflegerin oder Kinderkrankenschwester betreut werden. Als sehr gutes Verhältnis gilt (in Schweden und USA schon üblich): eine Fachkraft

**In Kindergruppen kann Ihr Kind
wichtige Anregungen erhalten.**

für drei Kinder. Und dieses Ziel strebt man an. Sie wissen das ja aus der eigenen Erfahrung mit Ihrem Kind. Immer ist etwas los, werden Sie persönlich gebraucht, muß dem Kind etwas gesagt, gezeigt werden usw. Kaum einem zweiten Kind kann man so immer gerecht werden, auf es eingehen usw. Der Vorteil für Sie und Ihr Kind liegt auf der Hand. Sie sind zeitweise entlastet, und Ihr Kind lernt, sich in einer anderen Lebenssituation zurechtzufinden, Kontakte mit anderen Kindern aufzubauen, mal das aktivere, mal das hinnehmende Kind zu sein.

Versuchen Sie, einmal mehrere Stunden in einer Kinderkrippe (heißt es in Ihrer Umgebung vielleicht schon «Kleinstkindergarten» oder «Minigarten»?) dabeizusein und zu beobachten. Sehen Sie nacheinander mehreren Kindern in unterschiedlichem Alter etwa eine halbe Stunde zu. Dabei werden Sie feststellen, daß es hier Situationen gibt, die Ihr Kind daheim niemals antreffen würde, wie es herausgefordert wird und dabei wesentliche Lernfortschritte machen kann.

Es ist wichtig, selbst zu erleben, wie die Erwachsenen dort mit den Kindern umgehen. Danach können Sie sicherer entscheiden, ob Sie Ihr Kind in solch einer «Minigruppe» unterbringen wollen. Bis zu 15–25 Stunden pro Woche (je nach Alter des Kindes) kann Ihr Kind hier wichtige Anregungen erhalten (und

daheim können Sie, einigermaßen erholt, sich immer noch ausreichend mit Ihrem Kind befassen).

Wichtige Hinweise dafür, ob die Kinderkrippe «gut» ist, können Sie erkennen aufgrund
– des Personalschlüssels (also Anzahl der Kinder pro Erwachsenen),
– der Kindergruppenzusammensetzung (möglichst in einer Gruppe drei bis fünf Kinder, eineinhalb bis zweieinhalb Jahrgänge),
– der Zielsetzungen (Fördern, Erziehen und «Wachsenlassen», ausgewogen und vorrangig, umsichtiges Betreuen vorausgesetzt),
– der Ausbildung der Erwachsenen (überwiegend Erzieher unterstützt durch eine Kinderpflegerin oder eine Kinderkrankenschwester),
– des Umfangs der Elternmitwirkung / -beteiligung,
– der Raumsituation,
– des vorhandenen Materialangebots.

Fragen Sie jeweils die Leiterin, welche Dinge noch dringend angeschafft oder geändert werden müßten: aus der Antwort können Sie auch entnehmen, ob es noch am Grundlegenden oder Wichtigsten fehlt oder ob die Einrichtung über die wünschenswerte Ausstattung verfügt.

Weder Babynest noch Kinderkrippe vorhanden

Falls weder das eine oder andere Angebot noch eine Einrichtung vorhanden ist, die Ihren Erwartungen und Wünschen entspricht, gründen Sie selbst eine Elterninitiative, oder wenden Sie sich an die örtlichen Wohlfahrtsverbände oder die Kommune, damit ein Angebot geschaffen wird. Suchen Sie andere Eltern, die Ihre Anregung unterstützen, ggf. mit Inseraten.

Leider kann es dann manchmal lange dauern, bis eine entsprechende Einrichtung geschaffen wird, so daß Sie und Ihr Kind vielleicht gar nicht mehr in den Genuß Ihrer Initiative kommen – aber Sie haben damit vielen anderen Eltern geholfen. (Vielleicht führt diese Überlegung auch dazu, daß Sie sich sofort intensiv um einen Kindergartenplatz bemühen – ggf. auch um die Gründung eines Kindergartens!)

Was Spielen
für das Kind bedeutet

Spielen wird von vielen Menschen als eine Tätigkeit angesehen, die nur aus Freude am Tätigsein geschieht und keinen praktischen Nutzen hat. Man spielt, weil es Spaß macht oder um sich zu erholen. Für Erwachsene mag diese Auffassung zutreffen, aber für Kinder, und vor allem für Kleinkinder, ist Spielen etwas ganz anderes. Das läßt sich leicht erkennen, wenn man ein Kind beim Spiel beobachtet: Es ist mit seiner ganzen Person bei der Sache und strengt sich oft bis zur Ermüdung an. Wenn etwas gar nicht gelingen will, versteht es keinen Spaß, sondern wird zornig und bricht vielleicht sogar in Tränen aus. Mit anderen Worten: Was in unseren Augen wie Spiel erscheint, ist für das Kind eine wichtige und meistens ernste Tätigkeit, bei der es all seine Fähigkeiten und sein Können einsetzt.

Spiel und Entwicklung

Im Spiel setzt sich das Kind mit der Umwelt auseinander und erwirbt ständig neue Kenntnisse. Insbesondere das kleine Kind kann seine Eindrücke noch nicht durch stilles Nachdenken verarbeiten, sondern es muß selber handeln. Es «begreift», handelnd und denkend zugleich, welche Möglichkeiten in ihm selbst und in den Dingen stecken. Jeder Widerstand wird dabei als Anreiz erlebt, den es zu überwinden gilt, und zugleich schiebt das Kind damit die Grenzen des Möglichen immer weiter hinaus. So entwickelt es im Spiel ununterbrochen seine körperlichen und geistigen Fähigkeiten. Hier liegen auch bereits die Ansätze von Ausdauer, Konzentration und der Bereitschaft, sich anzustrengen, diesen wichtigen Voraussetzungen für die befriedigende Bewältigung der späteren Aufgaben in der Schule, im Beruf und in der gesamten Lebensgestaltung.

Ein Kind erfährt die Wirklichkeit, indem es sie im Spiel aktiv umgestaltet. Es wirkt auf seine Umwelt ein, verändert sie und macht sie sich immer wieder interessant. Das befriedigt seine Neugier und erfüllt es gleichzeitig mit Freude und Selbstvertrauen.
   Wenn es merkt, daß es mit einer Sache bei aller Anstrengung doch nicht fertig wird, verändert es oft

«Wenn ich nichts
sehe, seht ihr mich
auch nicht…»

Mit einem
großen Ball zu
spielen kann, wie
man sieht, in
Arbeit ausarten.

das Spiel, denn es wird ja keine bestimmte Leistung von ihm erwartet. (Wenn ein schmaler Turm immer wieder umfällt, dann baut es eben einen breiteren.) Dadurch daß es sich seine Spiele in Abhängigkeit von den bereits vorhandenen Fähigkeiten und Fertigkeiten selbst setzt, vermeidet es größtenteils negative Erfahrungen wie Hilflosigkeit und Enttäuschung.

Eine andere wichtige Bedeutung des Spielens liegt darin, daß das Kind seine eigenen Empfindungsmöglichkeiten dabei erweitert und Verständnis für die Gefühle anderer Menschen entwickelt.

Wenn es seine Puppe füttert, vollzieht es nicht nur die äußeren Handlungen nach, die es von seiner Mutter her kennt, sondern tut dies auch mit genausoviel Liebe. Beim gemeinsamen Spielen mit anderen Kindern oder mit Erwachsenen lernt es darüber hinaus, zu geben und zu nehmen, sich einzufügen und anzupassen. Auf diese Weise werden sein soziales Verhalten und die Entwicklung seiner Gefühlswelt geprägt.

Das Spiel ist für das Kind auch eine Möglichkeit, seine Probleme und Nöte zu bewältigen. Fühlt es sich klein und schwach, kann es im Spiel groß und erwachsen sein. Wurde ihm ein inniger Wunsch abgeschlagen, so kann es sich ihn hier erfüllen. Bei starken Konflikten wird es im Spiel nach Lösungsmöglichkeiten suchen. (Bei der Behandlung von kindlichen Verhaltensstörungen benützt man

das Spiel deshalb auch als Heilmittel, mit dessen Hilfe ein Kind seine unbewältigten Probleme verarbeiten kann: in der Spieltherapie.)

Die Eltern als Mitspieler und Spiellehrer

Häufig fühlen sich Eltern unsicher und wissen nicht, wie sie sich beim Spiel verhalten sollen: Ist es besser, ein Kind beim Spielen nicht zu stören, oder soll man sich lieber dazusetzen und mit ihm spielen? Sie befürchten, daß sie ihr Kind vielleicht verwöhnen oder es abhängig von sich machen. Diese Angst ist unbegründet. Im Gegenteil, ohne Unterstützung und Anleitung durch Erwachsene kann ein Kind kaum richtig spielen lernen. Das Spiel hat zwei sich ergänzende Seiten: In ihm drückt sich die spontane Aktivität des Kindes aus, die aber von den Erwachsenen gelenkt werden muß.

Im Spiel spiegelt das Kind seine Umwelt wider. Was es nicht erlebt, kann es also nicht nachahmen oder nachgestalten. Ein Spiel bleibt aber auch nur so lange interessant, wie sich neue Varianten daran entdecken lassen. Wenn alle Möglichkeiten erschöpft sind, wird das Spiel einförmig und erweitert nicht mehr den Erfahrungsschatz. Nun braucht das Kind eine kleine Anregung: ein anderes Spielzeug oder eine neue, aufregende Erfahrung (z. B. eine Busfahrt, ein Spiel im Freien). Dies

Unter Stühlen oder Tischen kann man sich herrlich verstecken.

bildet dann wieder Stoff für ein neues Spiel. Es müssen also immer neue Impulse gesetzt werden, um das Spiel in Gang zu halten. Die Eltern können das tun, indem sie dem Kind neue Erlebnismöglichkeiten geben, ihm geeignete Spielsachen besorgen, ihm zeigen, was man alles damit anfangen kann, indem sie mitspielen, loben und damit die kindlichen Tätigkeiten verstärken.

In früheren Jahren war es weniger wichtig, gezielt Anregungen zu geben. Die Kinder hatten selbst Gelegenheit, die vielfältigsten Eindrücke zu sammeln. Die Familien waren größer, der Arbeitsplatz des Vaters befand sich oft in unmittelbarer Nähe der Wohnung, der Kontakt zur Natur und den Tieren war enger. Heute wachsen viele Kinder zwischen Häuserblocks auf und sind darauf angewiesen, daß sich ihre Eltern bewußt mit ihnen beschäftigen. Lenkung und Anleitung heißt aber natürlich nicht, dem Kind Vorschriften beim Spielen zu machen, Spielzeiten zu diktieren und bestimmte Leistungen zu erwarten.

Es heißt auch nicht, es mit Spielzeug zu überschütten. Wichtig ist vielmehr, den Anreiz zu einem spontanen, phantasiereichen Spiel zu schaffen und günstige Bedingungen herzustellen, unter denen es sich entwickeln kann.

Spielen und Lernen

Spielen und Lernen sind keine Gegensätze. Man kann «spielend lernen». Denn jede Verhaltensänderung, die durch Erfahrung bewirkt wird, ist ein Lernen. Dabei spielt es keine Rolle, ob diese Erfahrung unbeabsichtigt im Spiel gewonnen wurde oder ob sie das Ergebnis systematischer Beeinflussung ist, z. B. durch die Schule. Die Bedingungen, unter denen Spielen und Lernen erfolgreich sein können, sind ähnlich: Es gelingt am besten, wenn das Kind Spaß und Interesse an der Sache hat. Es darf nicht langweilig sein und auch nicht zu schwierig. Einerseits müssen immer neue Anreize von außen geschaffen werden, andererseits soll kein zu starker Druck auf das Kind ausgeübt werden. Gerade Kreativität, also schöpferisches Verhalten, ist in entspannten, spielähnlichen Situationen am besten zu fördern.

In seinen ersten Lebensjahren lernt das Kind alles «spielend», nämlich im Spiel. Das spätere planvolle und gezielte Lernen in der Schule baut darauf auf. Gerade diese Möglichkeit, sich lange Zeit außerhalb der strengen Regeln und Anforderungen der Zweckmäßigkeit und des Leistungsprinzips bewegen zu dürfen, bewirkt eine gute Basis. Kinder, die schon sehr früh für ihren Lebensunterhalt sorgen müssen wie in Ländern der Dritten Welt, können nur sehr eingeschränkte Erfahrungen sammeln, weil sie zuwenig Zeit zum Spielen haben – allerdings zeigt das bei diesen Kindern vorhandene Verhaltensrepertoire oft, daß sie eine ganze Menge wissen, daß sie einfallsreich sind und sich gut durchsetzen können.

Die beliebtesten Spiele

Nachahmungsspiele

Ihr Kind beobachtet ganz genau die Tätigkeiten, die Sie im Verlauf des Tages ausüben. Und alles, was Sie tun, findet es so aufregend, daß es die Sache selber ausprobieren möchte: Es wischt den Tisch ab, es möchte auch mit Schaufel und Besen hantieren, es möchte beim Kochen mithelfen, die Waschmaschine oder den Herd in Betrieb setzen, das Telefon oder die Schreibmaschine benutzen, den Fernseher einschalten oder mit dem Schlüssel die Wohnungstür aufschließen. Manchmal werden Sie überrascht davon sein, was Ihr Kind «nachahmt», weil Sie gar nicht damit rechnen, daß es Sie bei dieser für Sie selbst völlig belanglosen Tätigkeit beobachtet hat. Es hätte sehr ungünstige Folgen, wenn man dieses Lernen durch Nachahmung (also das wiederholende Probieren) zu stark behinderte.

Aus Bequemlichkeit und Ungeduld drückt man dem Kind oft rasch ein Spielzeug in die Hand und drängt es so in seine «Kinderwelt», weil es bei der Arbeit stört. Ihr Kind muß sich aber seine eigene Spielwelt erst langsam aufbauen. Die Inhalte dazu entnimmt es seiner Umwelt. Wie kann es «Mutter» spielen, wenn es nicht erfahren kann, was eine Mutter alles macht? Erfahrungen kann es nicht durch bloßes Zuschauen sammeln, sondern nur durch Nachahmen, Mittun und Ausprobieren.

Wiederholungsspiele

So einförmig Wiederholungsspiele von außen auch anmuten mögen – für das Kind sind sie gar nicht langweilig. Es klettert immer wieder auf den Stuhl und wieder hinunter, es möchte immer wieder die gleiche Geschichte mit den gleichen Worten hören, die gleichen Fingerspiele üben. Geduldig steckt es die Becherpyramide zusammen, schüttelt die Becher dann durcheinander und beginnt von neuem. So vervollkommnet es in der ständigen Wiederholung seine Kenntnisse über einen Gegenstand oder einen Sachverhalt. Seine Bewegungen und Handlungen werden zweckmäßiger und passen sich dem Gegenstand immer mehr an. Für das Kind handelt es sich dabei um das gleiche Spiel: es ist so lange neu, wie es noch etwas daran zu entdecken gibt.

Versteckspiele

«Aus den Augen, aus dem Sinn» heißt ein Sprichwort. Für ein einjähriges Kind trifft das noch im buchstäblichen Sinn zu. Erst im Laufe des zweiten Lebensjahres wird für ein Kind klar, daß Dinge auch existieren, wenn man sie nicht sieht. An der Art der beliebten Versteckspiele kann man diese Entwicklung etappenweise verfolgen. Es beginnt mit dem «Guck-Guck»-Spiel, das auch nach endloser Wiederholung nicht an Spannung verliert: Die Mutter verschwindet kurz aus dem Blickfeld des Kindes, ruft «Guck-Guck!» und taucht wieder auf. Dabei wird sie so strahlend begrüßt, als sei sie lange weggewesen. Die kleine Angst über das Verschwinden der Mutter wird gemindert durch die freudige Gewißheit, daß sie bestimmt wiederkommt. Das Kind erlebt das Spiel also wie einen kleinen Krimi: Etwas Angst haben ist schön, wenn man weiß, daß einem eigentlich nichts passieren kann! Später dann kann sich Vater oder Mutter richtig verstecken und vom Kind suchen lassen. Ein Ellbogen oder Schuh des Erwachsenen sollte als Hilfe aus dem Versteck herausschauen, weil das Kind Sie sonst vielleicht nicht finden kann und wirklich Angst bekommt. Schließlich versteckt sich das Kind auch selbst, indem es sich die Augen zuhält. Und weil es selbst nichts sieht, glaubt es, auch nicht gesehen zu werden.

«Verlieren» und «Wiederentdecken»

Spiele dieser Art sind den Versteckspielen in wesentlichen Punkten ähnlich. Es verschwindet etwas aus dem Blickfeld, und das Wiederentdecken löst große Freude aus. Das Kind spielt hier jedoch die aktive Rolle: es «verliert» mit Absicht. Schon am Ende des ersten Lebensjahres beginnt es mit diesen Spielen: Es wirft immer wieder ein Spielzeug aus dem Bett und möchte, daß die Mutter es wieder aufhebt. Später rollt es beispielsweise seinen Ball mit bedauerndem Ausruf weg, krabbelt ihm nach und umfaßt ihn strahlend. Oder es legt sein Lieblingstier ins Bett, verläßt das Zimmer und kehrt nach einer Weile zu ihm zurück. Manchmal «verläßt» es auch mitten im Spiel seine Mutter, versteckt sich in einem anderen Zimmer und möchte von ihr gefunden werden.

Mit all diesen Spielen versucht es, einen für sein Alter wesentlichen Konflikt zu bewältigen: die Lösung der engen Kind-Mutter-Beziehung. Da solch eine Trennung nicht ohne Schwierigkeiten verlaufen kann, ranken sich viele Spiele um diese Thematik.

Es handelt so: «Wie du mir, so ich dir!» und: «Ich werde nicht nur verlassen, ich kann auch selbst verlassen.» Wenn man das Befürchtete selbst herbeiführt, ist es nicht mehr so schlimm. Wenn die Mutter

Spielerisch erprobt und lernt Ihr Kind seine Bewegungsmöglichkeiten kennen.

Sand ist eines der Materialien, die Kinder faszinieren.

weggeht, weiß das Kind nicht ganz genau, ob und wann sie wiederkommt. Aber wenn es selbst etwas verläßt, hat es das «Wiedersehen» in der Hand. Diese Freude auf das sichere Wiedersehen entschärft seine Angst.

Toben und Lärmspiele

Zum Laufen- und Sprechenlernen gehört auch, daß ein Kind dabei die Grenzen seiner Möglichkeiten erfahren kann. Sobald es etwas sicherer auf den Beinen ist, will es herausfinden, was es mit dieser Fähigkeit alles machen kann: Es will laufen, klettern, springen, toben. Lassen Sie ihm möglichst viel Bewegungsfreiheit. Wenn Sie es zu stark in seinem Bewegungsdrang behindern, bleibt vieles ungeübt. Ein verkrampftes Verhalten ist die Folge. Mit Geräuschen ist es ebenso. Ihr Kind erkennt, daß seine Stimme ein wunderbares Instrument ist, mit dem es überraschende Erfolge erzielen kann: Wenn es schreit, hört jeder zu – aber auch wenn es laut auf etwas draufschlägt. Nicht nur das ist ein Grund, warum Krachmachen Spaß bereitet. Wissen Sie, daß Kinder ihre ersten musikalischen Eindrükke als «Lärm» aufnehmen? Krach ist in ihren Ohren Musik! Mit Toben und Lärmen will Ihr Kind Sie nicht ärgern, sondern nur seine Fähigkeiten ausprobieren.

Spielzeug im zweiten Lebensjahr

Welches Spielzeug ist für Ein- bis Zweijährige geeignet? Im Grunde jeder Gegenstand, der zum Tätigwerden anregt. Alle Dinge, an denen das Kind Erfahrungen machen kann, sind wertvolle Spielzeuge. Hier liegt der Ansatz zu einem häufigen Mißverständnis zwischen Eltern und Kind: Der Erwachsene versteht unter Spielzeug eigens für das Kind hergestellte Sachen, die gewöhnlich Nachbildungen wirklicher Dinge sind. Ein Kind in diesem Alter macht eine solche Unterscheidung (noch) nicht. Es beschäftigt sich auch intensiv mit Gegenständen und Materialien, die ein Erwachsener vielleicht sogar aus dem Gesichtskreis des Kindes verbannt sehen will.

Sand, Erde, Ton und Wasser

Wasser, am besten noch mit Sand und Dreck vermischt, Schlamm, Ton und Erde sind besonders beliebt. Dinge also, die kleben, schmieren, naß und schmutzig machen (und die das Kind zu Beginn des zweiten Lebensjahres auch noch mit dem Mund kosten möchte…).

Gerade dieses «Spielzeug» ist besonders geeignet zur Entwicklung schöpferischer Fähigkeiten. Denn diese Stoffe sind noch völlig ungeformt. Die «Gestaltung» bleibt ganz der Phantasie des Kindes überlassen. Der Stoff ist leicht formbar. So kann schon das kleine, noch wenig geübte Kind damit umgehen. Es wird immer einen sichtbaren Erfolg haben, das stärkt sein Selbstvertrauen.

Außerdem ist Schmieren an sich schon lustvoll, und man kann sich dabei richtig «ausleben» – das wissen Sie sicher noch aus Ihrer eigenen Kindheit. Wenn sich ein Kind auf diese Weise austoben kann, so gelingt ihm die Kontrolle in anderen Bereichen besser. Setzt man hier zu enge Grenzen aus Bequemlichkeit oder eigener übertriebener Schmutzangst, so erzieht man ein zwar braves, aber auch gehemmtes und ängstliches Kind. Es wird wenig Lust und Fähigkeit zum Arbeiten entwickeln und zu aggressiven Reaktionen und Trotzhaltungen neigen.

Gebrauchsgegenstände und Spielzeug

Wir haben gesehen, daß die Tätigkeiten und Werkzeuge der Erwachsenen eine starke Anziehungskraft auf das Kind ausüben. Dabei ist der große Besen weitaus interessanter als der Spielzeugbesen, das Trommeln mit dem Löffel auf einem Kochtopf manchmal aufregender als das Klingeln mit einer Spielzeugglocke. Das liegt daran, daß das Kind nun die Erwachsenen als seine Vorbilder ansieht, deren Fähigkeiten und Verhaltensweisen es ebenfalls beherrschen will. Es kann die Handlungen jedoch oft nur an dem Gegenstand nachvollziehen, an dem es sie beobachtet hat. Die «Übertragung» einer Handlung von einem Gegenstand auf einen anderen, z. B. von Gebrauchsgegenständen auf Spielzeug, gelingt ihm nicht, es sieht auch keine Veranlassung zu dieser Übertragung: Spielzeug erlebt das Kind noch nicht als «Spielzeug». Deshalb bedeutet ihm auch die Ähnlichkeit des Spielzeugbesens mit dem richtigen Besen zunächst nichts. Es kommt nur darauf an, daß er in der gemeinsamen Tätigkeit mit dem Erwachsenen kennengelernt wurde. Das «echte» Telefon ist deshalb viel interessanter als ein Spielzeugtelefon.

Um die eigene Spielwelt aufbauen zu können, in der später Spielsachen die Vertretung von Alltagsgegenständen übernehmen, muß es diese Dinge erst im Original kennenlernen dürfen. Es wäre deshalb falsch, das Kind ständig in seinen Spielbereich zurückzuverweisen. Erst mit dem zweiten Geburtstag beginnt das sogenannte «Spielzeugalter», in dem das eigentliche Spielzeug eine größere Bedeutung bekommt. Lassen Sie also Ihr Kind viel und mit vielen Haushaltsgegenständen spielen. Geben Sie ihm Plastikschüsseln, Kochtöpfe, Schlüssel, Schachteln usw. Eigentlich gibt es dabei nur eine Grenze: Gegenstände, mit denen sich Ihr Kind verletzen oder sich schaden könnte. Je weniger Sie jetzt Ihren Bereich vor ihm abschirmen und je mehr Sie es bei Ihrer Arbeit «mithelfen» lassen (Papierkorb ausräumen, Wäscheschrank «einräumen»), desto eher wird es später selbständig spielen.

Spielzeug aus dem Laden

Natürlich braucht Ihr Kind zusätzlich auch eigenes Spielzeug als materiellen Anreiz zum spielerischen Tätigwerden. Es ist jetzt jedoch noch kein Ersatz für die «wirklichen» Gegenstände, sondern ein Ding wie jedes andere, das erst einmal ganz genau untersucht wird. Diese Erkundung erfolgt hauptsächlich über die Form des Gegenstandes. Anfangs nimmt es dabei Hände und Mund zu Hilfe, gegen Ende des zweiten Lebensjahres kann es ihn auch «auf einen Blick»

Beispiele für ...

... pädagogisch sinnvolles Spielzeug.

erfassen und sich vorwiegend optisch orientieren.

Das Spielzeug für das zweite Jahr sollte so beschaffen sein:
– Es darf nicht zu klein oder in sehr kleine Einzelteile zerlegbar sein, die das Kind in die Luftröhre einatmen oder verschlucken könnte.
– Es soll klare und einfache Formen haben. Das erleichtert das Hantieren und das Orientieren.
– Es sollte abwaschbar oder leicht zu reinigen sein. Die Farben müssen lutschfest und ungiftig sein.
– Es darf keine scharfen Kanten und Spitzen haben. Tiere und Puppen sollen innen keine gefährlich spitzen Drähte enthalten.
– Solide Verarbeitung verhindert, daß ein Spielzeug schon bei der ersten «Untersuchung» kaputtgeht. Wenn ein höherer Preis wirklich mit besserer Qualität verbunden ist, sollten Sie ihn zahlen.
– Das Kind soll selbst etwas damit tun können: fahren, ziehen, beladen oder auseinandernehmen. Dies ist sinnvoller, als Spielsachen zu geben, die es nur passiv betrachten kann. Auch mechanisches Spielzeug zum Aufziehen hat jetzt noch wenig Sinn: Ihr Kind kann nicht verstehen, was sich in der «black box» abspielt, was innen los ist (auch aufziehen kann es diese Spielsachen im zweiten Lebensjahr noch nicht!).

Manchmal glauben Eltern, daß sie ihrem Kind eine Riesenfreude machen, wenn sie ihm etwas schenken, das sie sich in ihrer eigenen Kindheit gewünscht haben. Und dann sind sie enttäuscht, wenn ihr Kind ihre Begeisterung nicht teilt, z. B. weil es noch viel zu klein dafür ist.

So besteht die Gefahr, daß man viel unnützes Spielzeug kauft, das dann nur herumliegt und vom Kind gar nicht beachtet wird. Ein Tip: Leihen Sie sich von einer Familie mit Kind gelegentlich das eine oder andere Spielzeug, und testen Sie seinen Spielwert für Ihr Kind: Spielt es längere Zeit und intensiv damit, können Sie dies Ihrem Kind ohne Risiko ebenfalls kaufen.

Wir stellen Ihnen hier einige (im allgemeinen) geeignete Spielsachen zur Auswahl vor, die bei vielen Kindern «angekommen» sind. Einige wenige davon sollten Sie ihm kaufen. Es wird sich intensiv mit einer Sache auseinandersetzen, wenn Sie ihm gleichzeitig nicht zuviel anbieten.

Spielzeug zum Liebhaben

Ein Teddybär, eine Stoffpuppe oder ein Stofftier gehören zu den Spielsachen, die lange Zeit hindurch beliebt bleiben. Dem Kind ist es gleichgültig, ob sein Liebling allmählich an äußerer Schönheit verliert. Ein Kind, das die Puppe füttert oder den Teddy im Arm hält, hat für diese «Freunde» so viel zärtliche Gefühle entwickelt, daß sie keine austauschbaren Gegenstände mehr sind. Es wäre daher grausam, wenn man den alten, zerrupften Teddy oder die Puppe mit dem völlig verblaßten Gesicht wegwerfen und durch etwas Neues ersetzen wollte.

Ebenso störend für die Entwicklung stabiler Gefühlsbindungen wäre aber auch ein Überangebot an Puppen und «Kuscheltieren». Zwischen Jungen- und Mädchenspielzeug sollten Sie nicht unterscheiden. Kinder spielen das, was sie erleben. Und in den ersten Lebensjahren erleben sie hauptsächlich die häusliche Umgebung. Sie erleben, was mit ihnen selbst geschieht: Sie werden angezogen, sie bekommen etwas zu essen, sie werden liebevoll umarmt.

Spielzeug zum Ziehen, Bauen und Stecken

Sobald Ihr Kind sicher laufen kann, zieht es gern etwas hinter sich her. Es macht Spaß, wenn dieser Gegenstand je nach der Laufgeschwindigkeit anders reagiert, z. B. bei schnellem Laufen mit dem Schwanz wedelt oder laut rasselt. Achten Sie beim Kauf auf eine breite Achse, damit das Spielzeug nicht dauernd umfällt. Ebenfalls beliebt sind Autos zum Schieben. Zu empfehlen sind ein Holzauto

(bis 25 cm) und ein Plastikauto mit großer Ladefläche und breiten Rädern. So kann Ihr Kind unterschiedliche Tasterfahrungen an den beiden Materialien machen. Gegen Ende des zweiten Jahres kann das Auto schon einen Anhänger zum Be- und Entladen haben. Mit zunehmender Geschicklichkeit wächst auch die Freude am Konstruieren. Geben Sie ihm mit einem Sack voller Bauklötze die Möglichkeit dazu. Die Klötze sollen verschiedene Formen (Würfel, Torbogen, Quader usw.) haben und in der Größe der Hand des Kindes angepaßt sein. Zeigen Sie ihm, was man damit spielen kann. Wenn Ihr Kind die Becherpyramide schon aufstellen kann, können Sie nun auch schwierigere Steckspiele kaufen: Stäbchen, die in die passenden Löcher gesteckt werden, Klötzchen, die man auf eine Schraubspindel schraubt, eine Ringpyramide. Bei all diesen Spielen braucht Ihr Kind zunächst Ihre Hilfe. Sie müssen ihm zeigen, wie das Spiel funktioniert. Dann bekommt es auch rasch durch eigene Übung weitere Handgriffe und «technische Tricks» heraus, die zum gewünschten Ziel führen.

Musikinstrumente, Malwerkzeug, Bilderbücher

Eine kleine Mundharmonika, eine Spielzeugtrompete oder ein Xylophon sollte im zweiten Lebensjahr ebenfalls zu den Spielsachen

Bilderbücher sollten sowohl Sehanreize für das Kind als auch Erzählanreize für den Erwachsenen bieten.

Ihres Kindes gehören. Es wird zwar bestimmt kein Lied darauf nachspielen, aber es freut sich über die Töne, die es dem Instrument entlocken kann. Auch ein Tamburin ist leicht zu bedienen – oder eine nicht zu laute Trillerpfeife.

Geben Sie Ihrem Kind auch immer wieder Gelegenheit zum Malen. Kaufen Sie ein paar Wachsstifte, und zeigen Sie ihm, wie man damit Striche machen kann. (Die bunten Farben werden es allerdings noch eine ganze Weile dazu verlocken, kräftig hineinzubeißen.) Die «Kunstwerke» bestehen natürlich zuerst nur aus Kritzeleien und Punkten. Doch Ihr Kind wird sich riesig freuen, wenn es mit seinen Fingerbewegungen sichtbaren Erfolg hat. Hängen Sie die Bilder auch auf, dann spürt Ihr Kind, daß Ihnen seine Schöpfungen gefallen, und Sie regen es zugleich zum weiteren Malen an. Die ersten Bilderbücher sollten Dinge aus der Umwelt des Kindes enthalten: Tiere, Spielzeug und Gegenstände des täglichen Gebrauchs. Sie müssen aus festem Material sein. Aber das schönste Bilderbuch wird Ihr Kind langweilen, wenn Sie ihm nicht geduldig immer wieder Einzelheiten erklären und es fragen, wo der Ball, der Hund usw. zu sehen sind.

Spielzeug für draußen

Sobald das Kind laufen kann, sind im Freien ein leichter, großer Gummiball geeignet, der zu ständig neuen Bewegungsspielen anregt, ein Gummiring, Wasser- und Sandspielzeug. Mit all diesen Dingen kann sich ein Kind jetzt lange beschäftigen. Viel Spaß macht auch das Reiten auf einem großen Tier (Schaukelpferd).

Spielsachen
zum Selbermachen

Wir wollen Ihnen jetzt keine Basteltips geben, die Sie etwa peinlich genau befolgen sollen. Unsere Vorschläge sind vielmehr als Anregung gedacht, wie man mit einfachen Materialien für wenig Geld und in kurzer Zeit etwas zum Spielen herstellen kann. Es handelt sich um Dinge, die auch völlig bastelungeübten Müttern oder Vätern leicht gelingen. Und wer besonders geschickt ist, kann diese Vorschläge entsprechend kunstvoll variieren.

Lassen Sie Ihr Kind bei der Herstellung ruhig zuschauen oder sogar mithelfen. Ein Kind findet es aufregend, wenn es mitverfolgen kann, wie eine Sache entsteht. Allerdings wird es nur kurze Zeit mit der Rolle des passiven Zuschauers zufrieden sein. Sie müssen ihm also zwischendurch die Möglichkeit zum Untersuchen der von Ihnen benutzten Gegenstände geben. So eine kleine «Arbeitsgemeinschaft» verstärkt auch das Zusammengehörigkeitsgefühl: Ihr Kind spürt, daß Sie ihm eine Freude machen wollen, und Sie selbst fühlen sich dabei intensiv in die kindliche Vorstellungswelt ein.

Als Material kann alles dienen, was Sie in Ihrem Haushalt vorfinden: Kartons, leere Dosen, alte Stoffe und Wollreste, buntes Papier, Holz. Auf die Perfektion kommt es nicht an. Wichtig ist nur, daß Ihr Kind hinterher mit dem Gegenstand etwas anfangen kann.

Wollpuppe

Umwickeln Sie zwei kleine Schaumgummiteile oder Haushaltsschwämme, deren Ecken Sie abrunden, mit Wolle (Wollresten). Sie bilden den Kopf und den Rumpf der Puppe. Dann machen Sie vier Zöpfchen aus Wolle – als Arme und Beine –, nähen sie an den Rumpf, ziehen einige Wollfäden als Haar durch das Kopfteil und sticken ein lustiges Gesicht.

Bauklötze aus Schachteln

Werfen Sie die Schachteln von Zahnpasta, Babybrei und anderen Dingen nicht mehr weg, sondern sammeln Sie sie. Sie können daraus sehr brauchbare Bauklötze machen – Klötze, die viel größer sind als die üblichen Holzbauklötze. Bei sehr dünner Pappe empfiehlt es sich allerdings, die Schachtel mit Papier fest auszustopfen, damit sie das Kind nicht zerdrückt. Sie können die Schachteln mit selbstklebendem Papier bekleben oder auch weißes Papier aufkleben und es dann mit wasserunlöslichen Farben bemalen.

Geräuschdosen

Aus leeren Dosen können Sie viele verschiedene Spielsachen herstellen. Bunt beklebt oder bemalt dienen sie als Bauklötze oder als «Geräuschdosen» (wenn Sie sie mit Reis oder kleinen Perlen füllen) oder einfach als Lärmerzeuger» (z. B. wenn Sie mehrere bunte Dosen an einer Schnur baumeln lassen).

Schaukomobil

Besorgen Sie sich ein großes Stück Schaumgummi (etwa 115 cm lang und 20 cm breit). Abweichungen von diesen Größenangaben sind selbstverständlich möglich, nur denken Sie beim Kauf daran: Das Stück muß «standfest» sein, und es darf auf der Reitfläche nicht so breit sein, daß Ihr Kind nicht mehr bequem sitzen kann. Nun schneiden Sie zwei kurze Teile (mit einem großen, scharfen Sägemesser) davon ab, die Sie als Höcker rechts und links außen aufsetzen. Die Höcker können Sie mit ein paar Stichen annähen oder mit einem

für Schaumgummi geeigneten Klebstoff ankleben. Runden Sie mit der Schere die Kanten etwas ab. Die nun entstandene Form legen Sie mit der Breitseite auf ein sehr großes Stück Papier und zeichnen einen Schnitt für die Stoffhülle. Jetzt fertigen Sie nach dem Schnittmuster aus alten Stoffresten zwei gleich große Stücke für die Seiten und einen Streifen, der so breit ist wie die «Reitfläche» (Achtung auf Nahtzugabe!) und so lang, daß er das gesamte Schaukomobil «umrahmt».

Eine kleine Schwierigkeit gibt es: Sie können den Bezug nicht mit der Nähmaschine fertigstellen, sondern müssen während der endgültigen Verbindung der einzelnen Stoffteile direkt am Schaumstoffteil arbeiten. Heften Sie also die drei Stoffteile am Schaumgummi fest. Zum Schluß können Sie noch einen Griff auf die beiden Höcker nähen. Das Schaukomobil ist übrigens sehr vielseitig verwendbar: Ihr Kind kann damit reiten, schaukeln, es kann sich daraufstellen oder es als «Couch» benutzen.

Kinderhaus

Dafür brauchen Sie einen sehr großen Karton. Trennen Sie den Boden heraus, und setzen Sie ihn als eine Dachhälfte oben an. Die zweite Dachhälfte wird von dem oberen Deckel gebildet. Kaufen Sie wasserfeste und ungiftige Farben

(z. B. Gelb, Rot und Grün), und malen Sie das Haus damit an. Zusätzlich können Sie es noch mit selbstklebenden (oder selbstgemalten) Blumen oder Tieren verzieren. Den Eingang und die Fenster schneiden Sie so groß, daß Ihr Kind mühelos hineinklettern und den Kopf herausstrecken kann. Das Dach befestigen Sie dann mit Klebeband.

TAGEBUCH

Tagebuch des zweiten Lebensjahres für...

Bitte führen Sie dieses Tagebuch regelmäßig. Wenn Ihr Kind älter geworden ist, erfährt es hier in Wort und Bild alles über sein zweites Lebensjahr. Schreiben Sie auch dazu, was Ihnen wichtig erscheint. Manchmal ist es richtig, bei einer Frage auch mehrere Antworten anzukreuzen. In die vorgegebenen Felder kleben Sie bitte je ein auf die benötigte Größe zugeschnittenes Foto ein.

1. Vierteljahr

Wann habe ich meine ersten freien Schritte gemacht?	Vor dem ersten Geburtstag ○
	Mit 12–13 Monaten ○
	Mit 14–16 Monaten ○
Wie viele Wörter kann ich schon sprechen?	Ein bis zwei Wörter ○
	Mehrere Wörter ○
	Mehr als zehn Wörter ○
Ist mein Vater ein lustiger Spielkamerad?	Er denkt sich jeden Tag etwas Neues aus ○
	Er kann noch nicht sehr viel mit mir anfangen
	Nein, er hat keine Zeit ○
Lassen mich meine Eltern abends allein zu Hause?	Nein, sie gehen nie ohne mich weg ○
	Ja, sie besorgen dann einen Babysitter ○
	Ja, wenn ich eingeschlafen bin, gehen sie manchmal aus ○
Fällt mir das Einschlafen schwer?	Nein, ich schlafe leicht ein ○
	Ja, ich fürchte mich vor der Dunkelheit ○
	Ja, ich will nicht allein einschlafen ○
Aus wieviel Bauklötzen baue ich einen Turm?	Aus drei bis vier Bauklötzen ○
	Aus zwei Bauklötzen ○
	Die Bauklötze fallen immer um ○

Was kann ich schon alles allein machen?	Die Haare kämmen ○
	Brotstücke in den Mund stecken ○
	Ohne Hilfe aufstehen ○
	Mich allein hinsetzen ○
Kenne ich mich in der ganzen Wohnung aus?	Ja, ich krabbele überall herum und habe alles untersucht ○
	Ich bin meistens im Kinderzimmer ○
	Ich bin häufig im Laufstall ○

Wie groß war ich an meinem ersten Geburtstag?..........

Wieviel habe ich an meinem ersten Geburtstag gewogen?..........

Wie viele und welche Zähne habe ich jetzt?..........

Besondere Ereignisse ....

Bitte kleben Sie hier ein Foto ein:
Ich mache die ersten freien Schritte
Ich trinke aus einem Becher
Ich spiele mit Bauklötzen

Bitte kleben Sie hier ein Foto ein:
Ich schiebe meinen Sportwagen
Mein Vater trägt mich auf den Schultern
Ich «bemale» ein Stück Papier

Das Foto ist am ....
aufgenommen

Das Foto ist am ....
aufgenommen

2. Vierteljahr

Esse ich alles, was auf den Tisch kommt?	Ja, mir schmeckt alles	○
	Nein, ich bin sehr wählerisch	○
	Nein, ich bin ein schlechter Esser	○
Spiele ich gern mit anderen?	Ja, ich habe eine(n) Spielfreund(in)	○
	Ich spiele häufig mit meinen Geschwistern	○
	Ich spiele viel mit meinen Eltern	○
Wo schlafe ich?	Im Schlafzimmer meiner Eltern	○
	Mit meinen Geschwistern zusammen	○
	Ich habe ein eigenes Zimmer	○
Habe ich meinen «eigenen Kopf»?	Ja, wenn man mir etwas wegnimmt, weine ich	○
	Ja, wenn ich nicht bekomme, was ich will, werde ich wütend	○
	Nein, ich füge mich ohne Protest	○
Bereitet mir das Zahnen Schmerzen?	Nein, gar nicht	○
	Ja, deswegen bin ich oft mißmutig	○
	Ja, das Zahnfleisch entzündet sich	○
Lutsche ich am Daumen?	Ja, wenn ich mich langweile	○
	Nur vor dem Einschlafen	○
	Ja, manchmal mehrere Stunden am Tag	○
Wie sicher bin ich auf meinen Beinen?	Ich stolpere nur selten	○
	Ich kann schon Treppen steigen	○
	Ich falle noch oft hin	○
Wie geschickt bin ich mit den Händen?	Ich führe den Löffel sicher zum Mund	○
	Ich kann Striche nachzeichnen	○
	Ich kann einen Schlüssel ins Schlüsselloch stecken	○
Wie reagieren meine Eltern, wenn ich einiges auf den Kopf stelle?	Sie nehmen es gelassen hin	○
	Sie bringen sofort alles wieder in Ordnung	○
	Sie ärgern sich	○
Ist meine Mutter wieder berufstätig?	Nein, sie ist den ganzen Tag zu Hause	○
	Sie hat ihre frühere Tätigkeit wieder aufgenommen	○
Wem sehe ich ähnlich?	Meiner Mutter	○
	Meinem Vater	○
	Keinem von beiden	○

Was spiele ich besonders gern?...

Welche Wörter kann ich schon sprechen?........................

....

....

....

Besondere Ereignisse...

....

....

Bitte kleben Sie hier ein Foto ein:
Ich räume einen Papierkorb aus
Ich spiele im Sandkasten
(Planschbecken)
Ich steige auf einen Stuhl

Bitte kleben Sie hier ein Foto ein:
Mein Vater spielt mit mir
Ich sehe mich im Spiegel
Ich streichle ein Tier

Das Foto ist am ....
aufgenommen

Das Foto ist am ....
aufgenommen

3. Vierteljahr

Haben meine Eltern mit der Sauberkeitserziehung begonnen?	Noch nicht	○
	Sie wollen mit zweieinhalb Jahren beginnen	○
	Ja, vor meinem 21. Lebensmonat	○
Werde ich oft fotografiert, oder nehmen mich meine Eltern mit der Videokamera auf?	Ja, oft	○
	Manchmal	○
	Nein, selten	○
Mit wem spiele ich am liebsten?	Mit meiner Mutter	○
	Mit meinem Vater	○
	Mit anderen Kindern	○
	Allein	○
Spiele ich viel im Freien?	Ja, im Garten (auf dem Balkon)	○
	Nein, bei uns gibt es wenig Gelegenheit	○
	Fast nie	○
Spreche ich viel mit meinen Eltern?	Ja, wir unterhalten uns schon recht gut	○
	Sie verstehen oft nicht, was ich meine	○
	Ich verstehe sie häufig nicht	○
Spiele ich gern mit Puppen?	Ja, sehr	○
	Selten	○
	Ich ziehe andere Spielsachen vor	○
Wie reagiere ich auf Musik?	Ich beachte Musik nicht	○
	Ich tanze dazu	○
	Ich höre aufmerksam zu	○
Wie sehen mich andere?	Als unruhiges Kind	○
	Als lebhaftes und fröhliches Kind	○
	Als ängstliches Kind	○
	Als empfindsames Kind	○
Bin ich gern zu Besuch bei anderen?	Nein, sie machen mir angst	○
	Ja, ich finde es aufregend	○
	Wir besuchen fast nie jemanden	○
Singt mir meine Mutter abends ein Schlaflied?	Ja, jeden Abend	○
	Gelegentlich	○
	Nur, wenn ich nicht einschlafen kann	○
Lasse ich mich gern baden?	Ja, es macht mir großen Spaß	○
	Ich bin froh, wenn es vorbei ist	○
	Ich sträube mich sehr dagegen	○

Wie bringe ich meine Eltern zum Lachen?.......................

....

....

Wie gehen meine Großeltern mit mir um?........................

....

....

Besondere Ereignisse ....

....

....

Bitte kleben Sie hier ein Foto ein:
Ich tanze zur Musik
Wir schauen ein Bilderbuch an
Meine Großeltern und ich

Bitte kleben Sie hier ein Foto ein.
Ich dusche im Badezimmer
Die ganze Familie turnt
Ich bin schmutzig vom Spielen

Das Foto ist am ....
aufgenommen

Das Foto ist am ....
aufgenommen

4. Vierteljahr

War ich schon einmal länger verreist?	Ja, wir haben einen Familienurlaub gemacht	○
	Ja, ich war allein bei Bekannten	○
	Nein, noch nie	○
War ich in diesem Jahr krank?	Nein	○
	Nein, ich war nur leicht erkältet	○
	Ja, sogar ernstlich	○
Fällt es meinen Eltern schwer, noch mit der Sauberkeitserziehung zu warten?	Nein, sie haben damit noch nicht begonnen	○
	Ja, meine Mutter hat mich schon einige Male auf den Topf gesetzt	○
Wie viele Wörter spreche ich?	Weniger als 10	○
	Zwischen 10 und 20	○
	Mehr als 20	○
Helfe ich meiner Mutter ein wenig im Haushalt?	Ja, ich trage einiges herbei	○
	Ja, ich helfe beim Aufräumen	○
	Meine Mutter traut mir das nicht zu	○
Wovor habe ich Angst?	Vor großen Tieren	○
	Vor fremden Leuten	○
	Vor der Dunkelheit	○
	Vor dem Alleinsein	○
	Ich habe keine Angst	○
Mache ich, was meine Eltern wollen?	Ja, meistens	○
	Ich bin manchmal bockig	○
	Ich mache immer, was ich will	○
Spiele ich mit meiner Puppe Mutter und Kind?	Ja, häufig	○
	Selten	○
	Nein, nie	○
Kann mich meine Mutter auch einmal allein lassen?	Nein, ich will nicht allein spielen	○
	Ich schreie, wenn ich sie nicht mehr sehe	○
	Ja, wenn ich bei guten Bekannten bin	○
Wie viele Zähne habe ich jetzt?	Mir fehlen noch drei bis sechs Zähne	○
	Mir fehlen noch ein bis zwei Zähne	○
	Ich habe alle zwanzig	○
Wie viele Stunden schlafe ich durchschnittlich pro Tag?	Neun bis elf Stunden	○
	Elf bis dreizehn Stunden	○
	Dreizehn Stunden und mehr	○

So war meine zweite Geburtstagsfeier ....

....

So habe ich meine Eltern überrascht ....

....

Ich bin jetzt .... cm groß und wiege ....kg

Besondere Ereignisse ....

Bitte kleben Sie hier ein Foto ein:
Ich «verkleide» mich
Mein Familienfoto
Ein Urlaubsfoto

Bitte kleben Sie hier ein Foto ein:
Ich male mit Farben
Ich umarme meine liebste Puppe
Meine Geburtstagsfeier

Das Foto ist am ....
aufgenommen

Das Foto ist am ....
aufgenommen

ENTWICKLUNGS-
ANREGUNGEN

Überlassen Sie die Anregung und Förderung Ihres Kindes nicht dem Zufall

Immer wieder gibt es Kontroversen darüber, ob die Einflüsse aus der Vererbung oder der Umwelt für die Entwicklung eines Kindes bedeutsamer sind. Dazu liegen die verschiedensten Untersuchungsergebnisse vor, u. a. auch aus der vergleichenden Zwillingsforschung.

Noch vor Jahrzehnten waren die Gegebenheiten, unter denen ein Kind aufwuchs, sehr unterschiedlich. Heute dagegen sind in den Industrieländern die Ausbildungsmöglichkeiten und die Einflüsse, denen das Kind durch Medien und die Gesellschaft ausgesetzt sind, sehr ähnlich.

Die Wirkungen der Vererbung kommen deshalb deutlicher zum Tragen – und der durch Erziehung und Bildung beeinflußbare Anteil bei der Persönlichkeitsentwicklung sollte deshalb optimal genutzt werden.

Die «Entwicklungsanregungen» sind der umfangreichste Teil des Elternbuchs, weil Sie damit die Umwelt Ihres Kindes «günstig» verändern und auf sein Verhalten und seine Entwicklung unmittelbar einwirken können, sogar manche weniger erwünschten Anlagen ausgleichen und erwünschte außerordentlich unterstützen können.

Wenn Sie alle Entwicklungsanregungen aufgreifen, sie Ihrem Kind anbieten und mit ihm durchspielen, fördern Sie damit seine Entwicklung in der bestmöglichen Art und Weise vom ersten Lebenstag an.

Das kostet zwar etwas Zeit, aber wenig Geld. Deshalb haben wir alle Anregungen mit einem (*), zwei (**) oder drei (***) Stern/en gekennzeichnet. Wenn Sie wenig Zeit haben, greifen Sie nur die Anregungen mit drei Sternen heraus, wenn Sie mehr Zeit haben, nehmen Sie die Anregungen mit zwei Sternen dazu, und wenn Sie sich Ihrem Kind sehr intensiv widmen können, nehmen Sie auch die Ein-Stern-Anregungen dazu.

Aber abgesehen von der Zeit, die Sie für die Entwicklungsanregungen benötigen, gehört auch noch etwas anderes dazu: Feingefühl und Gespür für die Wünsche Ihres Kindes. Es kann durchaus vorkommen, daß es manche Spiele und Lernanregungen mehr oder weniger deutlich ablehnt. Richten Sie sich dann nach ihm, und zwingen Sie ihm nichts auf. Es muß die Freiheit haben, selbst unter den Angeboten auswählen zu können. Nur so gewinnt es an Selbständigkeit und Selbstsicherheit. Wenn Sie diese Selbständigkeit fördern, indem Sie auf seine Wünsche eingehen, werden Sie die Erfahrung machen, daß es bald von sich aus neue Spielvariationen erfindet, daß es lebhaft und phantasievoll bleibt. Mit anderen Worten: Sie erziehen dann ein kreatives Kind, das von Jahr zu Jahr aktiver wird.

Sicher kommt es oft vor, daß Ihr Kind Ihre Anregungen bereitwillig, gern und direkt aufnimmt – aber wie es tatsächlich wahrnimmt, wie es denkt und fühlt, das liegt nur zu einem kleinen Teil in Ihrer Hand. Je mehr Sie es zu Aktivität und Selbständigkeit erziehen, desto geringer wird Ihr Einfluß im Laufe der Jahre werden. Seine Selbstsicherheit und sein eigener Wille nehmen immer mehr zu.

Vergegenwärtigen Sie sich, daß das Entwicklungsalter eines Kindes der Maßstab für die geeigneten Anregungen ist: Ihr Kind kann in einigen Entwicklungsbereichen den Erwartungen in etwa entsprechen, es kann aber auch im einen oder anderen Bereich deutlich einen Vorsprung oder eine Verzögerung aufweisen: Kein Grund zu besonderer Freude oder Panik – nach einigen Monaten kann das verändert sein durch das Zusammenwirken verschiedener Einflüsse. Sollte der Entwicklungsvorsprung oder

die -verzögerung in einem Bereich besonders groß sein und längere Zeit so bleiben, sprechen Sie einmal mit ein paar Müttern, die ein Kind gleichen Alters haben, zum Vergleich darüber, oder fragen Sie einmal in einer Familien- oder Erziehungsberatungsstelle nach.

Situatives Lernen

Wie lernt ein Kind? Wann lernt es am besten? Warum lernt ein Kind? Fragen dieser und ähnlicher Art haben eine lange Tradition. Schon einige Jahre macht man sehr gute Erfahrungen mit dem situativen Lernen.

Versuchen Sie also, das Kind so gut wie möglich auf die zu erwartenden Ereignisse in seinem Leben vorzubereiten. Dazu gehört, daß es seine Familiensituation, seine nähere Umwelt begreift und versteht. Dazu gehören auch Freunde, Verwandte und Bekannte der Eltern. Sie sollten zusammen mit dem Kind die Geschäfte und Einrichtungen in der näheren Umgebung aufsuchen usw. Wenn jemand in der Familie krank ist, sollte man sich damit befassen, wenn ein Fest ansteht, eben dieses Fest zum Thema machen (die entsprechenden Vorbereitungen treffen, Einladungen starten, Einkäufe tätigen, Speisen und Getränke bereitstellen usw.).

Kann mein Kind schon die Türe(n) alleine öffnen?
Muß ich deshalb ab jetzt besonders auf Sicherheit achten?

Alles Lernen wird nach diesem Verständnis, also nach dem Situationsansatz, auf die ausgewählte Situation bezogen, alles, was in diesem Zusammenhang steht, kann erfahren und gelernt werden. Selbstverständlich ist die Motivation eines Kindes, sich mit den Fragen in so einem Zusammenhang zu befassen, besonders hoch und günstig für das Lernen. Wenn Sie die gegenwärtige oder die in nächster Zeit zu erwartende Lebenssituation aufgreifen, wird Ihr Kind begierig mitmachen. So lernt das Kind von Anfang an, in Zusammenhängen (in Netzwerken) zu denken.

Ein einfaches, aber illustratives Beispiel dazu: Sie planen einen Umzug. Sie versuchen, Ihrem Kind Ihr Vorhaben zu erklären. Sie zeigen ihm den Weg zur neuen Wohnung, sprechen dort mit den neuen Wohnungsnachbarn, gehen ums Haus herum und zeigen die nächste Umgebung. Sie sagen Ihrem Kind, wo sein Bett stehen wird, wo sie gemeinsam essen werden und wo die Küche ist. So gehen Sie nach und nach auf alle Ereignisse ein, die in diesem Zusammenhang stehen, auf das Einpacken, das Verabschieden von Freunden, das Einrichten der neuen Wohnung usw. Sie beteiligen Ihr Kind möglichst weitgehend (was eine zusätzliche Belastung in dieser Krisensituation für Sie selbst ist).

Ein weiteres Beispiel: Von dem Zeitpunkt an, von dem an Ihr Kind dieselben Gerichte ißt wie Sie selbst, beteiligen Sie es an dem gesamten Entstehungsprozeß: Sie kaufen für einen Gemüseeintopf beim Gärtner möglichst verschiedene Zutaten ein (dabei das Gemüse möglichst direkt ernten), säubern es daheim unmittelbar nach der Rückkehr, schneiden es entsprechend klein, kochen es usw. Ihr Kind kann nun den gesamten Zusammenhang überblicken (abgesehen vom Vorbereiten des Feldes und Säen – das zeigen Sie ihm in späteren Jahren).

Das Lernen nach dem Situationsansatz sollte für Ihr Kind zu einer ständigen, interessanten Praxis werden. Sie selbst brauchen Ihr Kind nur bei den verschiedensten Aktivitäten einzubeziehen, es mitzunehmen, ihm etwas dabei zu zeigen, soweit möglich, ihm etwas dazu erklären. Soweit Sie dieses ständige Einbeziehen Ihres Kindes praktizieren, wird Ihr Kind viele wichtige Lernschritte ganz nebenbei vollziehen.

Gezieltes Spielen und Lernen

Die Ergänzung durch systematische Anregungen, wie sie im folgenden auf vielen Seiten angeboten werden, ist trotz des Lernens nach dem Situationsansatz sinnvoll. Es handelt sich dabei zum einen um Aktivitäten, die im üblichen Tageslauf zu selten vorkommen, zum Teil um Anregungen, die häufig wiederholt als Spielen und Lernen angeboten werden sollten. Wenngleich das Üben eines Musikstücks mit einem Instrument hier kein völlig stimmiger Vergleich ist, kann er verdeutlichen, was gemeint ist. Nur das ständige Wiederholen schafft die sichere Beherrschung – und das ist auch mit vielen Fähigkeiten und Fertigkeiten so.

Deshalb empfiehlt es sich, daß Sie das Kapitel «Entwicklungsanregungen» eine Zeitlang zu Ihrer Hauptlektüre machen. Dann kennen Sie viele Anregungen und Übungen auswendig und brauchen beim Spielen nicht jedesmal neu nachzublättern.

Die einzelnen Abschnitte werden jeweils den Lebensmonaten Ihres Kindes zugeordnet. Machen Sie es sich zur Regel, daß Sie auch die davor und danach aufgeführten Passagen ansehen. Sie merken dann bald, was wiederholt werden sollte, oder ob Sie schon zu den Anregungen der folgenden Monate übergehen können.

Die wichtigsten Lernregeln

Versuchen Sie möglichst, sich die folgenden Gesichtspunkte immer mal wieder zu vergegenwärtigen:

♦ Das wichtigste Vorbild für Ihr Kind – das sind Sie selbst und andere Erwachsene in seinem Lebensumfeld.

♦ Jede Anregung, jedes Spiel, jede Übung darf nur so lange dauern, wie es Ihrem Kind Spaß macht. Dazu einige Tips: Machen Sie's spannend, machen Sie's lustig, machen Sie's abwechslungsreich. Wenn eine Anregung keine Begeisterung auslöst, dann versuchen Sie's ein anderes Mal wieder.

♦ Vielfach läßt sich kaum unterscheiden, ob es sich im einzelnen um eine Anregung, ein Spiel oder eine Übung handelt – dies hängt wesentlich davon ab, wie Sie etwas anbieten, und vom Entwicklungsstand des Kindes: Ziel ist jedenfalls die bewußte Anregung, das Lernen im Spiel, das wiederholte Sich-mitetwas-Beschäftigen, um es mehr und mehr zu beherrschen.

♦ Berücksichtigen Sie bei den Entwicklungsanregungen immer die Reaktionen Ihres Kindes. Manche Übungen gefallen ihm besonders gut, wiederholen Sie diese öfter. Und wenn es sich ein anderes Mal vielleicht mehr für die Knöpfe an Ihrem Kleid oder für seine eigenen Zehen interessiert, dann lassen Sie es eben diese untersuchen und machen die Übung später.

♦ Wiederholen Sie alle Übungen – verteilt auf einige Tage, manchmal auch Wochen – so oft, bis Ihr Kind sie beherrscht. Dann können Sie ein paar Tage Pause einlegen und die gleiche Übung später wieder versuchen, um zu sehen, ob es sie noch kann.

♦ Sparen Sie nicht mit Lob! Dann macht das Lernen doppelt Spaß (das wissen Sie aus eigener Erfahrung). Belohnen Sie Ihr Kind immer wieder mit Zärtlichkeiten, mit Worten, mit einem zuckerfreien Keks oder Obst. Ihre positive Reaktion ist sehr wichtig.

♦ Bringen Sie einen Plan ins Lernen! Dazu gehört, daß Sie jeden Tag etwas Neues in Ihr Programm aufnehmen, daß Sie Bekanntes wiederholen und bestimmte Übungen von Mal zu Mal etwas schwieriger gestalten – aber immer so, daß Ihr Kind sie noch gut bewältigen kann. Halten Sie sich möglichst an die vorgeschlagenen Lebensmonate – sie sind ein guter Richtwert.

Wichtiger Tip: Alle Aufgaben, die sich ein Kind selbst stellt, frustrieren es kaum, jedenfalls nicht nachhaltig (es wiederholt Lösungsversuche oft unermüdlich!). Falls

Das Einsteigen in eine Hängematte will gelernt sein: nirgendwo ist sicherer Boden. Aber wenn jemand dabeibleibt und mich schaukelt, macht es Riesenspaß!

der Erwachsene etwas von ihm erwartet, was es nicht oder noch nicht leisten kann, führt das wesentlich eher zur Entmutigung. Verhindern Sie deshalb negative Lernerfahrungen.

♦ Am günstigsten ist es, wenn Sie die Anregungen, Spiele und Übungen jeweils ein- bis zweimal vormittags und ein- bis zweimal nachmittags mit Ihrem Kind machen. Sie werden bald herausfinden, daß es zu bestimmten Tageszeiten dafür besonders aufgeschlossen ist, z. B.:
– Im ersten Vierteljahr: zwei- bis dreimal täglich je 8 bis 10 Minuten;
– im zweiten Vierteljahr: zwei- bis dreimal täglich je 8 bis 12 Minuten;
– im dritten Vierteljahr: zwei- bis viermal täglich je 10 bis 15 Minuten,
– im vierten Vierteljahr: drei- bis viermal täglich je 10 bis 15 Minuten.

Die Altersangaben der Entwicklungsanregungen beziehen sich auf Lebensjahr und -monat: 1;0 Jahre = 1 Jahr und 0 Monate, 1;1 Jahre = 1 Jahr und 1 Monat usw. (Die Altersangaben sind als Empfehlung gedacht.)

♦ Führen Sie möglichst ein kleines Protokoll. Notieren Sie darin, wann und wie oft Sie bestimmte Übungen gemacht haben. Nach einiger Zeit sehen Sie dann, ob Sie

manches vielleicht zu sehr vernachlässigt und anderes zu oft wiederholt haben (und sicher liest Ihr Kind später selbst gern nach, wann es was gekonnt hat!).

♦ Unsere Spielübungen sind Vorschläge für Sie. Sicher werden Sie einige von ihnen nach Ihren eigenen Vorstellungen weiterentwickeln. Je abwechslungsreicher und anregender Ihr Spielangebot ist, desto besser. Vielleicht bringt Ihr Kind Sie noch auf manch eine Idee, die in diesem Buch nicht zu finden ist. Und sicher wird auch manch ein Spielkamerad dazu beitragen, Ihr «Repertoire» zu vergrößern.

♦ Um für Sie die Arbeit mit diesem Buch so übersichtlich wie möglich zu gestalten, sind die Anregungen und Übungen nach wichtigen Lernbereichen geordnet. Zwischen diesen Bereichen gibt es jedoch vielfältige Überschneidungen. Wenn Sie beispielsweise Ihrem Kind einen Gegenstand in die Hand geben, bedeutet das zugleich eine Anregung für das Sehen, das Tasten und – wenn Sie etwas dazu sagen – auch für die Sprache.

♦ Die einzelnen Anregungen und Übungen sollten auf keinen Fall zu einem «Spezialtraining» für Ihr Kind werden – versuchen Sie vielmehr, alles in sinnvolle Zusammenhänge und Handlungsabläufe einzubetten (vgl. auch Situationsansatz oben). Sie sind hier lediglich der besseren Darstellungsweise wegen als einzelne «Lernspots» zusammengefaßt.

♦ Machen Sie die Übungen nur, wenn Sie entspannt und gut gelaunt sind. Sonst bekommt Ihr Kind womöglich den Eindruck, daß Lernen etwas Unangenehmes, etwas Lästiges sei. Und das wäre gerade das Gegenteil von dem, was Sie erreichen wollen.

♦ Auch der Vater sollte jede Gelegenheit ergreifen, mit seinem Kind zu üben und zu spielen. Jeder Erwachsene hat eine andere Art, Kinder anzuleiten, um zum Ziel zu kommen. Durch den Wechsel des erwachsenen Lernspielpartners wird die allzu starke Fixierung (auch in bezug auf die Aufgabenstellung) an eine Person vermieden – abgesehen davon können sich alle Spielpartner dabei besser kennenlernen.

Das Verhalten Ihres Kindes

Wenn Sie sich noch einmal kurz an die oben vorgeschlagenen Spiel- und Lernzeiten erinnern, werden Sie feststellen, daß für das eigenständige Spielen und Sichbeschäftigen Ihres Kindes genug Zeit bleibt. Das ist auch wichtig, denn nichts ersetzt die eigene Erfahrung. Ihr Kind stellt sich ständig selbst kleine Aufgaben und versucht, sie zu lösen. Ist die Anforderung zu hoch, schaltet es von sich aus einige Zwischenstufen ein. Besonders gut können Sie das beobachten, wenn es laufen lernt, und beim Treppensteigen. Es ist wichtig, mit dem Kind zu arbeiten, das selbständige Lernen und Üben soll jedoch im zweiten Lebensjahr unbedingt das Übergewicht behalten! Wenn Sie den Eindruck haben, daß es bestimmte Aktivitäten ständig wiederholt, so ist das im allgemeinen der Versuch, zusätzliche Sicherheit zu gewinnen – und nicht etwa ein Entwicklungsstillstand.

Gehen Sie davon aus, daß es viel Neues kennenlernen will, daß es neugierig ist. Es möchte alles können, was Sie und größere Kinder machen – das ist wohl sein größter Entwicklungsantrieb. Lernen macht ihm grundsätzlich Spaß. Aber es ist wichtig, daß Sie eine angenehme Lernatmosphäre schaffen, also die äußeren Bedingungen (Raumtemperatur, Licht, Farben usw.) ansprechend gestalten und dafür sorgen, daß sich das Kind wohl fühlt.

Noch etwas sollten Sie beachten: Jedes Kind ist anders – vergleichen Sie Ihres also nicht ständig mit anderen im Sinne eines Leistungsvergleichs!

Viel sehen ist eine Grundlage für das Denken

Ab 1;0 Jahren

* Die Wahrnehmungsfähigkeit Ihres Kindes können Sie gezielt unterstützen, indem Sie ihm immer wieder etwas Neues zeigen oder erleben lassen. Das beginnt schon beim täglichen Spaziergang. Gehen Sie nicht immer den gleichen Weg. Variationsvorschläge:
– ruhiges Stadtviertel mit Bäumen,
– belebte Stadtstraße,
– Feldwege, Spazierwege durch Wald und Wiesen,
– Park,
– Bahnhof,
– Dorfstraße,
– See- und Flußufer,
– Gebirgsgegend, flaches Land, Küste.

Dies als Anregung. Zwei- bis dreimal im Monat sollten Sie mit Ihrem Kind in einer weniger vertrauten Umgebung spazierengehen. Dies bringt Ihrem Kind im Wechsel der Jahreszeiten neue Erlebnisse und Erfahrungen.

Während dieser Ausflüge machen Sie es auf möglichst viele Dinge aufmerksam. Auch wenn Sie keine deutliche Reaktion bemerken, nimmt es doch viele Eindrücke in sich auf (Menschen, Farben, belebte und ruhige Gebiete, große und kleine Häuser usw.) und verarbeitet sie.

** Dinge, die sich bewegen, faszinieren Kinder in diesem Alter. Geben Sie ihm daher oft Gelegenheit, sie mit Blicken zu verfolgen. Es möchte einem Auto nachschauen, der Straßenbahn, einem Pferd, einem Traktor, einem fließenden Bach, einem Zug, einem Baukran usw. Machen Sie es darauf aufmerksam, und bleiben Sie stehen, damit es wirklich gut sehen kann, nicht abgelenkt wird und das Objekt aus seinem Blickfeld verliert. Es übt dabei vielseitige Augenbewegungen, erweitert seinen Gesichtskreis und lernt, den Kopf beim Beobachten mitzudrehen (früher drehte es ja den ganzen Körper, wenn es eine Bewegung verfolgte). In der Wohnung eignen sich zur Beobachtung rollende Bälle, Spielzeug auf Rädern, Papierflugzeuge usw. Lassen Sie Ihr Kind möglichst auch an den vielen häuslichen Tätigkeiten teilnehmen, wie z. B. Aufräumen, Kehren und Staubsaugen, Wischen, Geschirr spülen, Wäsche waschen und bügeln, Fenster öffnen und schließen.

** Veranstalten Sie mit Ihrem Kind in jeder Woche einige Suchspiele. Wenn Sie dazu Gegenstände auswählen, die es gern hat (womit es aber nicht gerade spielt), dann ist das Finden zugleich eine Belohnung. Beginnen Sie mit einfachen Spielen. Ein Beispiel: Sie legen einen Ball unbeobachtet in die Mitte des Zimmers und fragen: «Wo ist der Ball?» Loben Sie Ihr Kind sehr, wenn es diese schwierige Aufgabe gelöst hat. Beim nächstenmal legen Sie den Ball auf den Tisch, dann unter einen Stuhl usw. So wird die Aufgabe immer schwieriger. Natürlich müssen Sie nicht immer den gleichen Gegenstand verstecken, und mehr als fünfmal pro Woche sollten Sie das Spiel nicht durchführen, weil Ihr Kind sonst die Lust daran verliert. Übrigens kann auch ein nicht versteckter Gegenstand schwer zu finden sein: wenn er die gleiche Farbe wie der Hintergrund hat. Auch dabei übt das Kind das genaue Hinsehen und Vergleichen.

Ab 1;4 Jahren

*** Breiten Sie vor Ihrem Kind eine größere Auswahl von Gegenständen aus, die es gut kennt und die Sie in doppelter Ausführung besitzen, z. B. zwei Löffel, zwei leere Streichholzschachteln, zwei gleichfarbige Bauklötze. Dann mischen Sie die kleine Ansammlung durcheinander und heben ein Stück hoch. Das Kind soll nun das zweite Exemplar davon heraussuchen. Wenn Ihr Kind etwa eineinhalb bis eindreiviertel Jahre alt ist, können Sie den Schwierigkeitsgrad erhöhen. Nehmen Sie dann auch Gegenstände hinzu, die zwar denselben Namen haben, sich aber in Größe oder Farbe unterscheiden – also etwa einen großen und kleinen Löffel, einen roten und einen blauen Bauklotz usw.

Ab 1;7 Jahren

** Durch die Gestaltung der Räume, in denen sich Ihr Kind aufhält, können Sie sein ästhetisches Empfinden wesentlich prägen. Die Raumfarbe, die Muster und Ornamente, die Bilder, die den Raum schmücken, die Poster und Fotos, die Sie aufhängen, die Bücher, die Sie ausstellen und dem Kind sichtbar machen, die Puppen und Spiele, die Sie kaufen: all dies zusammen bestimmt seine Sehgewohnheiten mit, beeinflußt in erheblichem Maß, was es in den nächsten Jahren gern sieht, wie sich sein Geschmack entwickelt (soweit Sie selbst bestimmen können, was Ihr Kind zu sehen bekommt: auf die noch intensiver wirkende Außenwelt haben Sie oftmals keinen Einfluß!). Denken Sie auch daran, die «Sehdinge» in der Umgebung des Kindes immer mal wieder zu verändern, entweder nach und nach durch das Auswechseln einzelner Dinge oder indem Sie mindestens jedes halbe Jahr einmal überprüfen, ob eine Neugestaltung sinnvoll ist.

Noch eine Überlegung: Scheint Ihnen nicht auch eigenartig, warum trotz vieler, bewußt von Ihnen gesetzter Einflüsse manche Sie vielleicht nicht besonders ansprechende Dinge eine geradezu magische Wirkung auf Kinder auslösen – z. B. die Figuren von Disney usw.? Sicher sind es die Farben, die «runden» Formen, die «Andersartigkeit» im Verhältnis zur Wirklichkeit, die jedes Kind so stark ansprechen. Ziehen Sie daraus die Konsequenzen. Bieten Sie einerseits bewußt die Dinge an, die Ihrem Geschmack entsprechen, lassen Sie jedoch auch anderes in der Umgebung Ihres Kindes zu, das es sonst später nur bei seinen Freunden oder im Fernsehen sehen würde und das dann einen um so stärkeren Einfluß ausüben würde, weil es etwas völlig Neues, Überraschendes darstellt.

* Wenn Ihr Kind schon einige Wörter spricht, können Sie ein neues Versteckspiel veranstalten. Legen Sie hinter einen kleinen Schirm fünf Gegenstände, die es schon benennen kann, z. B. einen Ball, einen Keks, ein Spielzeugauto, einen Löffel und eine Puppe. Ihr Kind sitzt so, daß es die Dinge nicht sieht. Dann heben Sie jeweils einen Gegenstand kurz in die Höhe, lassen ihn wieder verschwinden und fragen das Kind, was das war. Je schneller es Gegenstände im Laufe der Spielzeit erkennt,

desto kürzer heben Sie sie hoch. Wiederholen Sie das Spiel etwa alle vierzehn Tage mit immer neuen Dingen. Ihr Kind sollte jeweils wenigstens viermal richtig und nur einmal falsch raten (sonst heben und senken Sie den Gegenstand zu schnell, oder es hat zu große Schwierigkeiten mit dem Aussprechen eines Wortes).

Ab 1;10 Jahren

*** In den nächsten Monaten kann Ihr Kind die folgenden sechs Farben unterscheiden und die richtigen Bezeichnungen verwenden: Gelb, Rot, Blau, Grün, Schwarz und Weiß.

– Malen Sie auf Schreibmaschinenpapier (DIN A4) jeweils das gleiche Motiv (z. B. eine Blume oder ein Haus mit einem Baum) in einer anderen, satten Farbe (die «Farbe» Weiß zeigen Sie ihm durch Aussparen der Fläche und Ummalen mit einer satten Farbe).

– Schließlich malen Sie Bilder, bei denen Sie alle sechs Farben verwenden, ohne sie miteinander zu vermischen. Benennen Sie dazu die verschiedenen Farben, und erzählen Sie etwas über den Bildinhalt.

Die Bilder können Sie in Augenhöhe im Kinderzimmer aufhängen und mit Ihrem Kind ein- bis zweimal die Woche ansehen und

Sehen und Tasten ist für die Wahrnehmung gleichermaßen wichtig.

darüber sprechen (wenn Ihr Kind die Bilder vor lauter Begeisterung abreißt, malen Sie eben neue!). Fragen Sie nach einigen Tagen auch: «Wo ist das rote ... (Haus)?» usw.

** Führen Sie Ihrem Kind die folgenden Grundformen vor: einen Kreis, ein Quadrat, ein gleichseitiges Dreieck, ein Sechseck und drei unregelmäßige Formen (z. B. Formen wie ein ausgefülltes U, ein B oder ein Y). Jede Form zeichnen Sie auf ein recht großes Stück Papier (es sollte eine Fläche von etwa 40 mal 40 cm bedecken). Entlang den Linien stellen Sie Bauklötze auf, um die Form deutlicher zu machen. Sie brauchen

dazu nicht viel zu erklären, Ihr Kind wird diese Formen «erleben». Nach mehrmaligem Sehen wird es sich die Formen eingeprägt haben und von da an Formen und Umrisse genauer betrachten.

** Sie können den Geschmackssinn bewußt anregen. Lassen Sie Ihr Kind kleine Mengen verschiedener Nahrungsmittel probieren. Reiben Sie vor den Augen Ihres Kindes ein Apfelviertel, und lassen Sie es davon kosten, drücken Sie aus einer Orange etwas Saft in einen Becher usw. Geben Sie ihm so jeden zweiten Tag eine kleine Geschmacksprobe (Birnen, Honig, Banane, Salzbrezel, Zuckerwürfel, verschiedene Keks- und Kuchenar-

ten, Schokolade, Senf usw.). An besonders bitteren, salzigen oder sauren Dingen wird Ihr Kind natürlich nur kurz lecken. Sagen Sie ihm vorher jeweils, wie die Probe schmeckt, damit es nicht enttäuscht wird.

** Spielen Sie gegen Ende des zweiten Lebensjahres mit Ihrem Kind das bekannte Kim-Spiel. Dazu legen Sie anfangs drei vertraute Gegenstände auf einen Stuhl, nehmen einen davon wieder weg und fragen Ihr Kind, was jetzt fehlt. Bei den ersten Versuchen wird es sicher noch nicht klappen. Loben Sie Ihr Kind sehr, wenn es sich zunehmend richtig erinnert. Bei diesem Spiel ist übrigens das «eidetische Phänomen» beteiligt: Ihr Kind «sieht» (vielleicht) den fehlenden Gegenstand innerlich

noch vor sich. Üben Sie das alle zwei Wochen, und erhöhen Sie allmählich die Anzahl der Gegenstände bis auf fünf.

** Schon im ersten Lebensjahr hat Ihr Kind viele Gerüche erfahren, ohne bewußt an Dingen zu «schnuppern». Jetzt sollten Sie es auf alle auffälligen Gerüche aufmerksam machen und es an vielem riechen lassen: an Blumen, Cremedosen, Kochtöpfen, Bratpfannen mit leckerem Inhalt usw.

** Wenn Ihr Kind die Farben Gelb, Rot, Blau, Grün, Weiß und Schwarz gut kennt und bezeichnen kann, malen Sie neue Bilder in den Farben Orange, Violett und Braun dazu. Bis zum Ende des zweiten Lebensjahres kann es dann bereits neun Farben unterscheiden.

Ihr Kind sammelt Erfahrungen mit den Händen

Ab 1;0 Jahren

*** Geben Sie Ihrem Kind die Möglichkeit, mit seinen Händen sehr viele unterschiedliche Materialerfahrungen zu sammeln: mit Wasser, Sand, Kieselsteinen, Erde, Badeschaum, Toilettenpapier, glattem und zerknülltem Papier, Bausteinen aus verschiedenem Material, Sägespänen, Holzwolle usw. Jedes Material fühlt sich anders an, und Ihr Kind wird dadurch feinfühliger. Setzen Sie sich oft zu ihm, und zeigen Sie ihm, was man mit einem bestimmten Material alles gestalten und spielen kann.

Ab 1;4 Jahren

* Stecken Sie in einen Beutel zwei verschiedene Dinge, z. B. einen Apfel und eine Banane. Nun soll Ihr Kind die Banane herausholen. Es wird versuchen, die richtige Frucht nur über das Tasten zu finden. Am nächsten Tag machen Sie das gleiche Spiel mit drei verschiedenen Früchten. Anstelle von Früchten können Sie später auch Spielsachen nehmen, deren Form Ihrem Kind gut vertraut ist.

Nach etwa drei Monaten stecken Sie vier Dinge in den Beutel. Es ist sinnvoller, das Kind an den drei Tagen der Wochen, an denen Sie dieses Spiel machen, jeweils ein- oder zweimal suchen zu lassen, als das Spiel nur an einem Tag und dabei sehr oft zu machen.

** Zeigen Sie Ihrem Kind, wo und wie man sich klemmen kann. Bei einem Schuhkarton beginnen Sie. Ihr Kind erfährt so, daß sich der Deckel nicht schließen läßt, wenn die Hand noch auf dem Kartonrand liegt. Probiert man es trotzdem, tut es ein bißchen weh. Dann erklären Sie ihm das gleiche an einer Schublade, dann an einer Tür. Zwicken Sie Ihre eigenen Finger ein wenig ein, und tun Sie dabei so, als wäre das ziemlich schmerzhaft. (Ihr Kind sollte das als «Ernst-Spiel» betrachten und die Gefahr tatsächlich erkennen.) Wiederholen Sie diese Übungen jeden Monat.

** Ebenso können Sie Ihr Kind jetzt schon auf die Gefahr der heißen Elektroplatte aufmerksam machen. Schalten Sie den Herd mehrmals kurz ein, und lassen Sie das Kind die verschiedenen Wärmegrade mitfühlen. (Prüfen Sie die Platte aber jeweils zuvor zur Sicherheit mit Ihrem Handrücken.) Auf diese Weise begreift es am besten, daß die Platte manchmal heiß und manchmal kalt sein kann und daß es daher vorsichtshalber seine Hände von der Platte fernhält. Eine derartige Erfahrung wirkt viel besser als das Verbot: «Das darfst du nicht anfassen!» Ein Kind sollte möglichst immer wissen, warum es etwas nicht anfassen darf!

** Spielen Sie mit Ihrem Kind «Tauschen»: Ihr Kind nimmt etwas in die Hand (Spielzeug oder einen Gegenstand aus dem Haushalt) und Sie ebenfalls. Dann sagen Sie: «Gib mir bitte den Ball. Du bekommst von mir die Ente!» Wenn der Austausch geklappt hat,

tauschen Sie noch einige Male. Wichtig ist bei diesem Spiel, daß Sie Ihrem Kind den Gegenstand (z. B. die Spielzeugente) jedesmal anders reichen: mal mit dem Kopf zuerst, mal mit der Unterseite usw. So lernt Ihr Kind, seine Hand an die jeweils angebotene Form anzupassen; es wird beweglich mit den Fingern. Tauschen Sie zwischendurch auch Dinge mit Griff: Telefonhörer, Löffel, Tasse usw. Diese Dinge geben Sie selbstverständlich so, wie man sie am besten annehmen kann.

Ab 1;7 Jahren

*** Ein interessantes Spiel ist «Umfüllen». Sie brauchen dafür drei Töpfe und Sand, Bohnen,

Wasser oder ähnliches. Ein Topf ist gefüllt, die beiden anderen sind leer. Einmal greift Ihr Kind in den vollen Topf und nimmt sich etwas für seinen eigenen Topf heraus, einmal Sie, bis der eine Topf leer ist. Zum Schluß können Sie «das Material» noch auf einen Lastwagen laden und auf dem Balkon oder der Terrasse herumfahren. Spielen Sie «Umfüllen» etwa alle vierzehn Tage einmal mit Ihrem Kind. Lassen Sie es auch am Umfüllen zusehen (und baldmöglichst mitwirken), wenn Sie Reis, Zucker, Kaffeepulver oder ähnliches von einem Behältnis in ein anderes geben.

Ab 1;10 Jahren

** Verdeutlichen Sie Ihrem Kind, daß es für bestimmte Tastempfindungen Wörter gibt, z. B. weich, hart, glatt, rauh, warm, kalt usw. (Den Begriff «heiß» hat es vermutlich lange vorher schon kennen- und verstehen gelernt.) Lassen Sie es jeweils an mehreren Beispielen fühlen, was mit dem betreffenden Adjektiv gemeint ist: ein weiches Kissen, ein weicher Ball, ein weiches Fell usw. Demonstrieren Sie ihm auch, daß Wasser sowohl warm als auch kalt, ein Ball weich oder hart sein kann.

* Wenn Sie bemerken, daß Ihr Kind schon etwas bewußter die Oberfläche von Gegenständen abtasten kann, stellen Sie ihm gegen Ende des zweiten Lebensjahres folgende Aufgabe: Zeigen Sie ihm seinen Trinkbecher (oder den Stuhl, den Tisch, die Couch usw.), und zeichnen Sie dann in der Luft die Umrisse des Gegenstandes nach. Ihr Kind wird versuchen, den Gegenstand ebenfalls nachzuformen.

Diese Aufgabe löst bei Ihrem Kind vermutlich die Bereitschaft aus, die Wahrnehmung über das Tasten zu intensivieren und entsprechende Reize mehr zu beachten.

Mit einem (ungeeigneten) Werkzeug wollte dieses Kind bereits eine kaum erkennbare Kreuzschlitzschraube drehen.

Töne und Geräusche begeistern Ihr Kind

Ab 1;0 Jahren

Singen Sie Ihrem Kind möglichst jeden Tag ein paar Lieder vor. Nehmen Sie es dabei auf den Schoß, oder setzen Sie sich neben es, während es spielt. Die Liedertexte sind weniger wichtig, es kommt in erster Linie darauf an, daß Ihr Kind durch die Melodien im Aufnehmen akustischer Reize angeregt wird. Nach einiger Zeit wird es versuchen, sich zu beteiligen, es «singt» mit. Dabei übt das Kind seine Ausdrucksfähigkeit und seine Stimme. Es erfährt, daß Singen eine Sache des ganzen Körpers ist, und bekommt so im Laufe des zweiten Lebensjahres auch ein Gefühl für den Rhythmus. Am Ende dieses Lebensjahres sollte es die Melodie und den Sprechrhythmus von etwa zehn Liedern gut kennen (was aber nicht heißt, daß es sie auch fehlerfrei sprechen kann!). Hier einige Vorschläge:

– Alle meine Entchen ...
– Laterne, Laterne. Sonne, Mond und Sterne ...
– Alle Vögel sind schon da ...
– Kuckuck, Kuckuck, ruft's aus dem Wald ...
– Der Kuckuck und der Esel ...
– Es regnet, es regnet ...
– Wind, Wind, sause, der Mond ist nicht zu Hause ...
– A, a, a, der Winter, der ist da ...
– Meister Jakob, Meister Jakob ...
– Summ, summ, summ, Bienchen summ herum ...
– Hopp, hopp, hopp, Pferdchen lauf Galopp ...
– Ein kleiner Hund mit Namen Fips ...

Denken Sie beim Singen auch daran:
– Sprechen Sie die Wörter deutlich aus.
– Singen Sie kräftig, aktiv, in bewegten Zeitmaßen.
– Erklären Sie Ihrem Kind den Inhalt der Lieder (sie sollten deshalb weder kitschig noch grausam sein).
– Singen Sie nicht nur beim Spielen, sondern auch manchmal bei der Hausarbeit. So bekommt Ihr Kind mit, daß Musik keine «Ausnahmesituation» voraussetzt.
– Zeigen Sie Ihrem Kind, daß es Spaß macht, beim Singen mitzuklatschen, den Rhythmus auf einem Instrument oder durch Klopfen zu begleiten.
– Singen Sie bei sauerstoffhaltiger Luft, also im gut gelüfteten Zimmer oder im Freien.

** Weitere Anregungen für das Gehör bieten Musikstücke von Tonband, Compact-Discs oder Schallplatten sowie (gelegentlich, nach Programm ...) Radio und Fernsehen. Durch die Auswahl der Musik beeinflussen Sie den musikalischen Geschmack Ihres Kindes. Daher sollten Sie, um eine einseitige Prägung zu vermeiden, für ein breites Spektrum von musikalischen Eindrücken sorgen. Es genügt völlig, wenn Ihr Kind jeden Tag zehn bis zwanzig Minuten Musik hören kann. Ständige «Berieselung» sollten Sie eher vermeiden.

Ab 1;7 Jahren

** Wenn Sie Ihr Kind intensiv musikalisch fördern wollen, sollten Sie ihm schon jetzt auf einem Instrument oft etwas vorspielen. Wenn Sie selbst ein Instrument beherrschen, wählen Sie dazu eher ruhige, melodische und einfache Werke aus, die Sie spielen oder üben. (Beim «Üben» kann Ihr Kind erleben, wie etwas von Tag zu Tag «besser» wird: also keine zu schwierigen Stücke – denken Sie an das Modellernen!) Wenn Sie bisher kein Instrument spielen, kaufen Sie sich eine Blockflöte, ein Glockenspiel, eine Clarina oder ein Xylophon. Üben Sie jeden Tag fünf bis zehn Minuten darauf. Dann können Sie Ihrem Kind bald alle Lieder, die Sie

sonst mit ihm singen, und auch andere kleine Musikstücke vorspielen.

** Auch Ihr Kind kann schon ein Instrument bekommen, z. B. eine Mundharmonika, eine Clarina, einen Triangel, Schellen oder eine Trommel. Zeigen Sie ihm, wie man es macht, und lassen Sie es selbst probieren. Ihr Kind kann natürlich noch nicht nachspielen, was Sie ihm vorgespielt haben; es nimmt aber Ihre Anregung auf und verarbeitet sie auf seine Weise.

Ab 1;10 Jahren

* Veranstalten Sie alle vierzehn Tage ein besonderes Geräuschkonzert mit Ihrem Kind, wenn es das mag. Die «Instrumente» dafür sind gefüllte und leere Dosen, Pappkartons, Kochtöpfe, Plastikschüsseln usw. Alle diese Dinge bauen Sie vor Ihrem Kind auf. Jeder nimmt einen Holzlöffel in die Hand – und dann klopfen Sie der Reihe nach auf alle Dinge, mal laut, mal leise, mal in schneller Folge und dann wieder langsamer. Auch «Reiben» erzeugt Töne.

Auf diese Weise bekommt Ihr Kind ein gutes Gefühl für unterschiedliche Töne und Rhythmen. Wenn es aktiv mitspielt, können Sie ein wenig im Hintergrund bleiben und leiser «spielen», damit es sein eigenes Trommeln und Klopfen besser hört.

Mit jedem neuen Wort versteht
Ihr Kind die Umwelt besser

Ab 1;0 Jahren

*** Hat Ihr Kind schon ein erstes erkennbares Wort gesagt? Oder warten Sie noch darauf? Erzählen Ihnen Eltern gleichaltriger Kinder, daß ihre Sprößlinge schon einige Wörter sprechen, wogegen Ihr eigener nur «unverständliche» Laute hervorbringt? Lassen Sie sich dadurch nicht verwirren. Jedes Kind lernt zu einem anderen Zeitpunkt sprechen, so, wie jedes Kind zu einem anderen Zeitpunkt laufen lernt (das gezielte und klare Sprechen einzelner Wörter beginnt erst etwa ab 18 Monaten). Drängen Sie Ihr Kind auf keinen Fall, sondern geben Sie ihm vielmehr Gelegenheit, Wörter verstehen zu lernen. Das bedeutet: Sprechen Sie sehr viel mit ihm. Erzählen Sie ihm alles, was Sie tun. Erklären Sie ihm die Dinge, die es sieht und erlebt. Stellen Sie ihm Fragen, auch wenn Sie wissen, daß Sie darauf noch keine richtige Antwort erwarten können.

Sagen Sie ihm, daß es jetzt gewickelt wird und frische Windeln bekommt, daß Sie es kämmen, daß Sie den Tisch decken, daß Sie dabei

Teller, Löffel usw. auf den Tisch legen, daß Sie gleich mit ihm spazierengehen werden. So hört Ihr Kind regelmäßig bestimmte Wörter und überrascht Sie eines Tages damit, daß es eines davon sagt.

Die folgenden Regeln erleichtern es Ihrem Kind, Wörter zu verstehen und aussprechen zu lernen:
– Verwenden Sie immer wieder dieselben Wörter und Sätze, und zeigen Sie Ihrem Kind dabei, was gemeint ist.
– Reden Sie mit Ihrem Kind in einfachen, kurzen Sätzen.
– Erklären Sie ihm alles in einem liebevollen und freundlichen Ton (auch nach vielen Wiederholungen), aber nicht in singendem Kleinstkind- oder Babyton.
– Benutzen Sie bewußt alle Wortarten (Hauptwort, Tätigkeitswort, Eigenschaftswort, Verhältniswort usw.).
– Erläutern Sie ein selten gebrauchtes Wort durch bekannte Wörter.
– Sprechen Sie deutlich, betonen Sie gut.
– Bemühen Sie sich, präzise zu sprechen, das heißt, benützen Sie Wörter wie «machen» oder «tun» möglichst wenig, suchen Sie andere Ausdrücke.

Ab 1;4 Jahren

*** Sprechen und Zuhören gehören zusammen – diese Erfahrung soll Ihr Kind von Anfang an machen.

Bemühen Sie sich, mit ihm Dialoge zu führen, auch wenn es nur unverständliche Silben spricht. Setzen Sie sich beim Spielen zu ihm, und warten Sie darauf, daß es Ihnen etwas zu sagen versucht. Gehen Sie dann ganz ernsthaft darauf ein, wenn Sie etwas nicht gleich verstehen, sagen Sie «Ja, gut», «Ja, du hast recht» und ähnliches. Langsam werden Sie sich «einhören», und dann beginnt das Gespräch zwischen Ihnen und Ihrem Kind «richtig». Die Dialoge sind unerläßlich, wenn Sie das Kind voll als Partner und Persönlichkeit akzeptieren wollen. Auf kaum einem anderen Gebiet können Sie ihm so gut zeigen, wie gern Sie es haben. Ein Kind, das selten das Gefühl hatte, daß jemand ihm ernsthaft zuhört, wird es später schwer haben, mit anderen Menschen Kontakt zu bekommen oder deren Probleme ernst zu nehmen.

Ab 1;7 Jahren

** Sprachforscher und Psychologen haben festgestellt, daß Kinder im ersten und zweiten Lebensjahr in fast allen Ländern die gleichen bzw. ähnliche Laute aussprechen. In den verschiedenen Sprachen werden dann Laute beibehalten und neue hinzugefügt (die von den Eltern vorgesprochen werden). Wir haben eine Liste von Wörtern zusammengestellt, die die wichtigsten Laute unserer Sprache enthalten. Machen Sie Ihr Kind nach und nach mit diesen Wörtern vertraut. Sie bilden einen guten Grundwortschatz. Am Ende des zweiten Lebensjahres sollte es diese Wörter verstehen und viele davon sprechen können.

Hauptwörter

Abend	Apfel	Arm
Ast	Auge	Auto
Bach	Ball	Bär
Baum	Bein	Bett
Blatt	Blume	Brot
Buch	Butter	Doktor
Ei	Eimer	Eis
Feld	Fenster	Fleisch
Frau	Gabel	Garten
Glas	Gras	Gummi
Hand	Hase	Haus
Haut	Himmel	Holz
Hose	Hund	Hut
Igel	Kern	Kind
Kuchen	Leder	Licht
Loch	Maler	Mama
Mann	Maus	Messer
Milch	Mond	Mund
Mutter	Name	Nase
Ohr	Oma	Opa
Papa	Post	Puppe
Rad	Radio	Regen
Rose	Rutsche	Sachen
Sack	Saft	Sand
Schere	Schiff	Schirm
Schlitten	Schnee	Schuh
Sonne	Stein	Stern
Stuhl	Tag	Tasche
Tasse	Teller	Tisch
Tuch	Tür	Tüte
Uhr	Vater	Vogel
Vögel	Wald	Wand
Wasser	Weg	Wiese
Wind	Wolke	Wurst
Zahn	Zug	

Zeitwörter

fangen	finden	geben
graben	haben	heben
helfen	holen	hören
kaufen	kochen	kommen
können	lächeln	lachen
laufen	legen	machen
malen	öffnen	rennen
rufen	sagen	schlafen
schneiden	sein	singen
spielen	suchen	tun
waschen	weinen	zeigen

Eigenschaftswörter

blau	fein	gelb
grün	gut	hell
hoch	kalt	klein
lang	naß	neu
rot	rund	schwer
voll	warm	weich
weiß	weit	

andere Wörter

alle	am	an
auf	aus	da
das	dein	dem
den	der	dich
die	du	ein
für	heim	her
heute	ich	ihn
im	in	ja
kein	mein	nein
nicht	oben	oder
schon	so	über
um	und	uns
vor	warum	was
wer	wie	wir
wo	zu	

*** Reden Sie mit Ihrem Kind nicht in der Baby-, sondern in der normalen Umgangssprache. Ein

Hund heißt nicht «Wau-wau», sondern ist ein Tier mit einem bestimmten Namen – er bellt «wau-wau». Gewöhnen Sie sich auch nicht an, falsch ausgesprochene Wörter Ihres Kindes in Ihren eigenen Wortschatz zu übernehmen, weil sie so putzig klingen. Sie erschweren es ihm sonst, aus den Babyschuhen herauszuwachsen.

** Schreiben Sie kleine Geschichten auf, die Ihr Kind selbst erlebt hat, und lesen Sie sie ihm dann mehrmals im Abstand von drei bis vier Tagen vor. Einige Themenvorschläge: ein Spaziergang, ein Erlebnis mit dem Nachbarskind, eine Aktivität mit dem Vater, ein «Einkaufsbummel» usw. Schreiben Sie diese Geschichten so nieder, wie Sie sie auch sonst erzählen würden (also nicht in einer künstlichen Form). So erlebt Ihr Kind Ihren Wortschatz nicht nur beim Reden, sondern auch bei einer Geschichte, die es immer wieder im gleichen Wortlaut hören kann. Das wiederholte Vorlesen regt zusätzlich sein Gedächtnis an.

Ab 1;10 Jahren

*** Die Voraussetzung für eine günstige Sprechentwicklung Ihres Kindes ist, daß Sie in ihm die Freude am Sprechen wecken und fördern. Bemühen Sie sich nicht, ihm jetzt schon vollständige oder sogar grammatisch richtige Sätze einzuüben. Freuen Sie sich viel-

mehr über jeden Sprechversuch, und zeigen Sie Ihrem Kind, daß Sie ihm gern zuhören und es verstehen wollen. Falsch ausgesprochene Wörter dürfen Sie nicht korrigieren. Wenn Ihr Kind beispielsweise seine Schuhe herbeiträgt und sagt «Du!», so verbessern Sie nicht: «Das heißt nicht Du, sondern Schuh.» Sagen sie z. B. statt dessen: «Das ist prima, daß du deine Schuhe geholt hast! Ich ziehe dir die Schuhe gleich an – dann gehen wir spazieren!» Korrigieren Sie also durch richtige Verwendung des entsprechenden Wortes in einem Satzzusammenhang.

* Wenn in Ihrer Familie fast nur Dialekt gesprochen wird, sollten Sie sich nicht zwingen, mit Ihrem Kind hochdeutsch zu sprechen. Ihre Sprache würde hölzern und unecht wirken, und das wäre ungünstiger als die natürliche Rede im Dialekt. Erst vom vierten Lebensjahr an ist es nötig, daß Ihr Kind auch die Schriftsprache übt. Bis zu diesem Zeitpunkt ist es wichtiger, daß es einen großen Wortschatz erwirbt, richtige Sätze bilden kann und Freude an der Unterhaltung gewinnt.

*** Wir haben hier eine kleine Auswahl von Kinderreimen zusammengestellt, die Sie Ihrem Kind immer wieder aufsagen sollten, sooft es ihm gefällt. Dabei übt Ihr Kind sein Gedächtnis und seine Vorstellungskraft, und es lernt nach und nach, wie man Sätze bildet. Aufsagen – das heißt nicht steif rezitieren! Lassen Sie Ihr Kind dabei auf Ihren Knien reiten, tanzen Sie mit ihm im Kreis herum, sprechen Sie die Reime in einem schwingenden Rhythmus. (Voraussetzung: Sie müssen die Reime auswendig können!)

Hopp, hopp, hopp

Hopp, hopp, hopp,
Pferdchen, lauf Galopp
über Stock und über Steine,
brich dir aber nicht die Beine.
Hopp, hopp, hopp,
Pferdchen, lauf Galopp!

Hopp, hopp, ho,
das Pferdchen frißt kein Stroh.
Muß dem Pferdchen Hafer kaufen,
daß es kann im Trabe laufen.
Hopp, hopp, ho,
das Pferdchen frißt kein Stroh!

Mein Hund

Vier Beine und zwei Ohren,
zwei Augen kugelrund
und eine spitze Schnauze,
die hat mein kleiner Hund.

Er hat auch scharfe Zähne,
schau ihn nur richtig an:
Ganz hinten sitzt das Schwänzchen,
damit er wedeln kann!

Rätsel

Der erste ist dick,
der zweite ist schlank,
der dritte ist lang,
der vierte ist schick,
der fünfte ist klein.
Was mag das sein?

Schlaf, Kindlein, balde!

Schlaf, Kindlein, balde!
Die Vöglein fliegen im Walde,
sie fliegen den Wald wohl auf und nieder
und bringen dir den Schlaf bald wieder.
Schlaf, Kindlein, balde!

Das ist der Daumen

Das ist der Daumen,
der schüttelt die Pflaumen,
der liest sie auf,
der trägt sie nach Haus,
und der Kleine
ißt sie ganz alleine.

Mama, Papa

(Die Wörter links werden gesprochen, die Körperteile rechts jeweils mit dem Zeigefinger berührt. Danach wird ein Stück Keks in den Mund geschoben.)

Mama	Stirn
Papa	linke Wange
hungrig	rechte Wange
bin ich	Kinn
Wo?	Nase
Da!	Mund

Heile, heile, Segen

Heile, heile, Segen,
drei Tage Regen,
drei Tage Schnee:
jetzt tut's nimmer weh!

Abends gehn wir schlafen

Abends geht das Schwein zur Ruh,
und es kneift die Augen zu,
wühlt sich tief hinein ins Stroh,
grunzt und schnarcht vergnügt und
froh.

Abends gehen auch zur Ruh
Gnu und Kuh und Marabu.
Ach, schon schläft der ganze Zoo:
Elefanten, Pfau und Floh.

Abends geht mein Kind zur Ruh,
Mutter macht das Fenster zu.
Kindchen schläft genauso froh
wie der Elefant im Zoo.

Backe, backe, Kuchen

Backe, backe, Kuchen,
der Bäcker hat gerufen!
Wer will guten Kuchen backen,
der muß haben sieben Sachen:
Eier und Schmalz,
Butter und Salz,
Milch und Mehl,
Safran macht den Kuchen gehl.
Schieb, schieb in 'n Ofen nein!

Die Schnecke

Übern Waldweg kriecht sehr scheu
meine kleine Schneck,
trägt ein Häuschen fast wie neu,
weiß und ohne Dreck.
Schnicke, schnacke,
schnicke, schnacke,
Schneck!
Kriecht die Schnecke
um die Ecke,
ist die Schnecke weg.

Kriecht ins Häuschen, wird es
kühler,
kommt nicht mehr heraus.
Hat zwei kleine zarte Fühler
und kein großes Haus.
Schnicke, schnacke,
schnicke, schnacke,
Schneck!
Kriecht die Schnecke
um die Ecke,
ist die Schnecke weg.

Ich geh mit meiner Laterne

Ich geh mit meiner Laterne
und meine Laterne mit mir.
Dort oben leuchten die Sterne,
hier unten leuchten wir.
Mein Licht ist aus,
ich geh nach Haus.
Rabimmel, Rabammel, Rabumm!

Denken und Kreativität wachsen im Spiel

Ab 1;0 Jahren

** Ihr Kind sollte seine Wohnumgebung gut kennenlernen. Gehen Sie beispielsweise an zwei Tagen in der Woche genau denselben Weg, an einem anderen Tag regelmäßig einen zweiten und an den übrigen Tagen völlig unterschiedliche Wege. Durch diese Regelmäßigkeit wird es mit den Straßen vertraut, stellt bestimmte Erwartungen, überprüft diese Erwartungen und beachtet immer wieder neue Dinge. Bei den wiederholten Erfahrungen festigen sich seine Einstellungen, Begriffe und Denkweisen, mit den neuen Erlebnissen erweitern Sie seinen Horizont und regen das kreative Denken an.

** Unternehmen Sie jeden Tag eine kleine Entdeckungsreise, bei der es Anregungen zum Nachdenken erhält:
- Zeigen Sie ihm, daß Bäume unterschiedliche Blätter haben, indem Sie ihm vier gleich große Blätter (etwa von einem Kastanienbaum) und ein anderes Blatt (z. B. von einer Buche) zum Betrachten und Vergleichen geben.
- Nehmen Sie einen kleinen Ast mit drei bis sechs Verzweigungen mit nach Hause, und lassen Sie Ihr Kind einige Zeit damit spielen. Dann fahren Sie mit Ihrem Zeigefinger von der Bruchstelle bis zur Zweigspitze. Legen Sie den Ast auf ein großes Stück Papier, und zeichnen Sie mit einem Stift seine Konturen nach. Ihr Kind kann dabei Zweig und Zeichnung vergleichen und versuchen, den Zweig richtig auf die Zeichnung zu legen.
- Pflücken Sie in den Frühlings- und Sommermonaten jede Woche einen anderen kleinen Blumenstrauß, und zwar in dieser Zusammenstellung: einmal zehn Blumen der gleichen Sorte (z. B. Gänseblümchen), in der nächsten Woche nur fünf Blumen dieser Sorte und fünf einer anderen Sorte, darauf einen Strauß mit zehn verschiedenen Blumenarten.

Ab 1;4 Jahren

*** Sprechen Sie mit Ihrem Kind zwischendurch über die Ziele, die Sie bei einem Spaziergang ansteuern. Zunächst sollten Sie nur von

Dingen reden, die es auch voraussehen kann, die also nicht weiter als
fünfzig oder hundert Meter
entfernt liegen. Nach zwei bis vier
Monaten können Sie Ihr Kind auch
schon auf entferntere Ziele
neugierig machen, z. B. so: «Gleich
kommen wir zur Verkehrsampel
und dann zu der gelben Telefonzelle.» Bei der Telefonzelle reden Sie
dann von den beiden nächsten
Zielen.

Im nächsten Jahr können Sie
schon einen kompletten Spazierweg
vorher beschreiben (natürlich nicht
jedesmal, sonst wird das Ihrem
Kind zu langweilig).

*** Leiten Sie Ihr Kind immer
wieder dazu an, zwischen zwei oder
sogar drei Dingen zu wählen.
Zeigen Sie ihm z. B. einen Keks,
ein Stückchen Brot und ein
Apfelviertel. So lernt es, seine
Wünsche selbst zu erkennen, sich
eine Meinung zu bilden und für
Entscheidungen einzustehen.
Vielleicht will es anfangs alle drei
Dinge oder keines davon. Doch
nach und nach versteht es immer
besser, was Sie mit Ihrer Frage
meinen. Bei der Auswahl werden
wichtige Denkvorgänge verlangt:
Das Kind muß sich an den Geschmack der vorgelegten Dinge
erinnern, es muß sie sogar «im
Kopf» vergleichen und aus dieser
Überlegung heraus eine Entscheidung treffen.

Sie sollten es täglich vier- bis
sechsmal vor solche Aufgaben
stellen: Welche Socken willst du
heute anziehen? Was möchtest du
trinken? Womit möchtest du
spielen? Die Auswahl der Haupt-
mahlzeit oder der richtigen Schuhe
(zum Spazierengehen oder beim
Schuhkauf) können Sie Ihrem Kind
natürlich noch nicht überlassen,
denn hierzu besitzt es noch zu
wenige Erfahrungen und Vergleichs-
maßstäbe.

Ab 1;7 Jahren

*** Besonders wichtige und
vielseitige Anregungen für das
Denken erhält Ihr Kind beim
Bauen. Kaufen Sie ihm einen
Baukasten, die Holzklötzchen
können alle gleich groß sein oder
drei bis fünf verschiedene Formen
haben. Wichtig ist, daß die Bausteine in ihren Abmessungen aufeinan-
der abgestimmt sind, damit das
Kind «Passungen» erfahren kann.
Am günstigsten sind Bauklötzchen
mit Seitenlängen im Verhältnis
1:2:4.

Das Kind erlebt eine Vielzahl von
Denkanstößen, es kann die Steine
miteinander vergleichen, sie in neue
Beziehungen zueinander setzen, alle
ihre Möglichkeiten ausprobieren,
sich kreativ betätigen. Außerdem
werden noch andere Fähigkeiten
und Motivationen angeregt und
verbessert: Tasten, Wahrnehmen,
Fühlen, die Koordination von Auge
und Hand, Sicherheit im Greifen,
ruhige Handführung, Forschungsdrang, Freude über Erfolge, die
Bewältigung von Mißerfolgen.

Was gibt es Schöneres, als an einem heißen Sommertag in einem Flüßchen verschieden-farbige und unterschiedlich geschliffene Steine zu suchen? Zu Hause kann man sie in einer Reihe einige Zeit auslegen oder auch in einem Glasbehälter ausstellen.

Setzen Sie sich zu Ihrem Kind auf den Boden, und spielen Sie mit seinen Klötzen. Bauen Sie zunächst nur Figuren und Dinge aus zwei bis vier Teilen, nehmen Sie sie wieder auseinander, und beginnen Sie von neuem. Erwarten Sie nicht, daß Ihr Kind Ihnen gleich eifrig nachbaut. Vielleicht sieht es Ihnen nur zu, vielleicht stößt es begeistert Ihren Turm wieder um. Trotzdem wird es sich die Figur einprägen. Einige Tage später können Sie vermutlich beobachten, daß es nachahmen will. Sie brauchen ihm also gar keine Anleitung im einzelnen zu geben. Das würde Ihr Kind in seinem Verhalten zu stark einengen. Leiten Sie es nur durch Ihr eigenes Tun an, verschiedene Bauwerke durchzuprobieren. Wenn es dann schon sicherer im Umgang mit den Bausteinen ist, erfindet es auch eigene Variationen. Zunächst braucht es jedoch Ihre Anregung, zumal es nicht voraussehen kann, wie interessant das Bauen mit den Klötzchen ist. Erst wenn ihm das Ziel deutlich vor Augen steht, wird es sich dafür begeistern. Wenn Ihr Kind in einer bestimmten Phase besonders gern mit den Bauklötzen spielt, sollten Sie entsprechend häufiger mitspielen. Sonst genügt es, wenn Sie sich etwa alle acht Tage längere Zeit damit beschäftigen. Machen Sie auch dann regelmäßig weiter, wenn Ihr Kind bei den ersten Spielangeboten noch nicht darauf einzugehen scheint.

*** Eines unserer wichtigsten Hilfsmittel beim Denken ist die Fähigkeit zu erkennen, daß manche Dinge einander gleich sind und wie/warum sich andere unterscheiden. Spielen Sie das Ihrem Kind mit seinen Bauklötzen vor. Schütten Sie alle Klötze auf den Boden, und bilden Sie dann drei bis fünf unterschiedliche Gruppen. Bei einem Stoß dürfen nur ganz gleiche Steine liegen (farb- und formgleich). Was Sie nicht in drei oder fünf Gruppen unterbringen können, wird weggelegt. Sie brauchen dabei gar nicht viel zu erklären – Ihr Kind wird das Spiel sehr schnell begreifen und mitsortieren wollen. Erst wenn es bei dem dritten oder vierten Versuch (jeweils in Wochenabständen) immer noch nicht mitspielt, sollten Sie es direkt dazu einladen: «Schau her! Hier sind die langen Bausteine, hier die dicken und dort die kurzen. Wohin gehört dieses Klötzchen?» Es genügt, wenn Ihr Kind zunächst drei Steine einordnen kann. Im Laufe des nächsten Vierteljahres wird es sicher alle Steine richtig unterbringen wollen. Beenden Sie jedes Spiel mit einem kleinen Bauwerk, bei dem Sie nur eine Klötzchenart verwenden.

Ordnen Sie in gleicher Weise nach gleichen und ungleichen Teilen:

– Geschirr (Tassen, Untertassen, Suppentassen),
– Blätter (Birkenblätter, Eichenblätter, Ahornblätter),
– Socken (rote, blaue, gelbe),

**Kinder sind ständig damit befaßt, ihre Neugier zu befriedigen.
Denken und Kreativität werden dabei intensiv stimuliert.**

- Obst (Äpfel, Orangen, Birnen, Bananen),
- Kleidung (Hemden, Pullover, Hosen).

Schwierigere Einteilungen, etwa nach mehr als vier Gruppen oder nach «gleichen Portionen» (von jedem Typ ein Stück), sollten Sie im zweiten Lebensjahr noch nicht versuchen.

Ab 1;10 Jahren

** Schon im ersten Lebensjahr haben Sie Ihrem Kind einige Situationen gezeigt, in denen es Ursache und Wirkung deutlich beobachten konnte. Geben Sie ihm auch in diesem Jahr möglichst viel Gelegenheit dazu. So lernt es, Zusammenhänge zu verstehen, und macht außerdem noch Erfahrungen mit Zeitabläufen. Lassen Sie Ihr Kind wiederholt bei folgenden Situationen zusehen:

- Wenn man den Wasserhahn aufdreht, fließt Wasser; beim Zurückdrehen fließt es nicht mehr; es kann wenig und viel Wasser aus der Leitung fließen; manchmal ist das Wasser warm, manchmal kalt. An welchem Hahn muß man drehen, damit kaltes Wasser fließt? Bei welchem Hahn muß man vorsichtig sein, weil heißes Wasser herauskommt? (Ihr Kind sollte dabei die Hähne auch häufig selbst bedienen. Stellen Sie einen Stuhl vor das Waschbecken, damit es

an die Hähne heranreicht.)
- Wenn man einen kleinen Ball aus geringer Höhe ins Wasser plumpsen läßt, spritzt es nur wenig, aus großer Höhe dagegen sehr.
- Was passiert, wenn eine Kerze ausgeblasen wird? Zuerst flackert sie, bei stärkerem Blasen verlöscht sie. (Warnen Sie Ihr Kind dabei auch vor der Hitze der Flamme. Zeigen Sie ihm aber nicht, daß man mit der Kerze z. B. auch Papier anzünden kann.)
- Binden Sie eine Schnur an einer Schachtel fest, und zeigen Sie Ihrem Kind dann einige Dinge, z. B. daß man die Schachtel heranziehen kann, daß man gleichmäßig oder ruckartig ziehen kann, daß die Schnur manchmal straff ist und manchmal durchhängt, daß Möbelecken die Schachtel aufhalten und daß die Schachtel an der Schnur in die Höhe gehoben werden kann.
- Gehen Sie mit Ihrem Kind im Regen spazieren. Zeigen Sie dabei, daß ein Schirm vor den Tropfen schützt, wie man ihn bei Windstößen halten muß und ob er hoch oder niedrig getragen werden muß.
- Zeigen Sie Ihrem Kind, was man alles mit Sand spielen kann (Mulden und Hügel formen, «Kuchen backen»), wie man ihn mit der Hand oder einem Brettchen glattstreicht und wie der Sand die aufgedrückte Form behält.

Was Ihr Kind jetzt wissen will

Ab 1;0 Jahren

** Nehmen Sie sich einmal im Monat die Zeit, mit Ihrem Kind all seine Spielsachen anzusehen und ein wenig über sie zu sprechen:
– Stellen Sie die Spielsachen so nebeneinander auf, daß Sie eine kleine Geschichte erzählen können, in der alle Dinge der Reihe nach vorkommen. Legen Sie nacheinander jeden Gegenstand weg, oder geben Sie ihn Ihrem Kind in die Hand. (Sie können die Geschichte auch richtig durchspielen.) Nennen Sie jeweils den Namen und eine besondere Eigenschaft. Ein Beispiel: «Der dicke Brummbär geht auf den Spielplatz. Er nimmt den kleinen roten Ball und spielt damit Fußball. Da kommt der Hund Struppi herbeigelaufen und wackelt mit den Ohren...»
– Helfen Sie Ihrem Kind, neue Spielmöglichkeiten an einem vertrauten Gegenstand zu entdecken, die es dann auch auf andere Dinge übertragen kann. Wenn Sie beispielsweise einmal ein Huhn gackern lassen, läßt Ihr Kind vielleicht später den Hund bellen!

– Zeigen Sie Ihrem Kind, wie sich Tiere und Puppen unterhalten können. Nehmen Sie dazu in jede Hand ein Tier, und bewegen Sie jeweils das, welches gerade spricht. Diese kleinen Unterhaltungen sollten aus Wörtern und Sätzen bestehen, die Ihr Kind schon kennt und versteht.

** Ihr Kind sollte in diesem Jahr die ganze Wohnung sehr genau kennenlernen. Veranstalten Sie ab und zu Erkundungsgänge. Von jedem Zimmer kehren Sie wieder an die Stelle im Flur zurück, von der aus Sie die Reise begonnen haben. Gehen Sie in den Zimmern gemeinsam an den Wänden entlang, und betrachten Sie zusammen, was man von den einzelnen Ecken aus sehen kann. So erhält Ihr Kind ein Gefühl für die unterschiedlichen Blickwinkel. Nehmen Sie es auch einmal mit in den Keller oder auf den Dachboden. Nach vier bis fünf Rundgängen kennt sich Ihr Kind dann schon gut in seinem Zuhause aus. Es fühlt sich nun in einem größeren Bereich sicher und bekommt ein gutes Bezugssystem, von dem aus es seine Ausflüge und Spaziergänge starten kann. Nach einiger Zeit weiß Ihr Kind dann auch genau, was Sie mit der Ankündigung meinen: «Wir gehen jetzt in die Küche!» Und wenn Sie noch dazu sagen, was dort geschehen soll («Du bekommst dort ein Brot mit Marmelade»), läuft es sicher voraus und «zeigt» Ihnen den Weg.

** In allen Räumen der Wohnung sollte sich Ihr Kind gut auskennen. Was Sie dort mit ihm ansehen, ist im folgenden beispielhaft beschrieben:

– Wohnzimmer: Erklären und zeigen Sie die Funktion der einzelnen Einrichtungsgegenstände. Lassen Sie es aus dem Fenster schauen. Machen Sie es auf Gefahrenquellen aufmerksam. Führen Sie nur Vorgänge vor, die es nachmachen darf.

– Badezimmer: Ihr Kind lernt Waschbecken, Badewanne, Toilette, Dusche, Handtücher, Kleiderhaken, die Bedienung der Hähne kennen. Es macht möglichst oft alle Handlungen mit und gewöhnt sich dabei an selbständiges Verhalten und an den Umgang mit dem eigenen Körper. Zeigen Sie ihm auch, wie Sie die Toilette gebrauchen und wozu die einzelnen Gegenstände gebraucht werden. Das führt Ihr Kind zugleich einen Schritt weiter bei der Sauberkeitserziehung (ab 24. Monat).

– Abstellraum: Diese Kammer ist natürlich eine herrliche Fundgrube für Ihr Kind. Es möchte sich mit allen Gegenständen beschäf-

tigen und mit ihnen spielen. Räumen Sie daher die gefährlichen Sachen (Reinigungsmittel, Säuren, Sprays, Schuhputzmittel usw.) in die obersten Regale. Nehmen Sie bitte in Kauf, daß Ihr Kind die Abstellkammer einige Male auf den Kopf stellt: danach können Sie ihm auch zeigen, wie man sie wieder aufräumt.

Ab 1;4 Jahren

** Die Küche ist für Ihr Kind ein wahres Paradies für aufregende und interessante Entdeckungen. Es möchte alles kennenlernen und untersuchen, was es dort gibt. Sie sollten ihm das auch erlauben und nur die gefährlichen und zerbrechlichen Gegenstände (scharfe Messer usw.) außer Reichweite räumen. Besonders anziehend ist auch der Besenschrank. Damit Ihr Kind die Funktion der einzelnen Geräte kennenlernt, lassen Sie sich am besten von ihm bei der Hausarbeit «helfen». Es darf zusehen, wie Sie mit dem Besen kehren (es bekommt inzwischen den Handfeger), es darf die Schaufel halten, wenn Sie die Schmutzhäufchen beseitigen. Beim Wischen bekommt es selbst ebenfalls einen kleinen Lappen und ein Gefäß mit Wasser.

Sagen Sie Ihrem Kind, wie die einzelnen Gegenstände heißen und was Sie damit tun. Ihr Kind soll

Ein geduldiger Bruder oder
eine Mama, die sich freut, wenn
ich was entdecke, sind für mich
das beste.

möglichst gut erkennen können, welchen Sinn Ihre Tätigkeit hat: Zeigen Sie ihm den Kaffeefleck auf dem Boden, bevor Sie ihn aufwischen. Machen Sie es auf die sichtbaren Krümel auf dem Teppich aufmerksam, ehe Sie mit dem Staubsauger darüberfahren. Wenn Ihr Kind zunächst Angst vor dem Staubsauger hat, weil er so laut brummt, sollten Sie es langsam an dieses Geräusch gewöhnen und nicht zwingen, näher an ihn heranzugehen. Berühren Sie es nicht direkt mit dem «Saugrüssel». Es fürchtet sonst, genauso zu verschwinden wie die Brotkrümel! Erst mit drei oder vier Jahren können Sie es die Saugwirkung unmittelbar fühlen lassen. Zeigen Sie ihm jetzt auch noch nicht, wohin die Krümel wandern. Es wird den Staubsauger sonst vielleicht selbst zerlegen wollen, und das könnte eine recht staubige Angelegenheit werden!

Lassen Sie Ihr Kind etwa alle acht bis vierzehn Tage folgende «Handlungskette» verfolgen: Brotkrumen oder Eierschalen fallen vom Tisch. Sie sagen: «Komm, das kehren wir gleich wieder auf», und holen mit ihm Schaufel und Besen. Dann tragen Sie die Krümel zum Abfalleimer und gehen damit zu den Mülltonnen. An einem anderen Tag können Sie es zusehen lassen, wie die Tonnen von der Müllabfuhr geleert werden. Versuchen Sie selbst, sich ähnliche Abfolgen auszudenken, damit Ihr Kind größere Zusammenhänge verstehen lernt.

** Sicher sieht Ihr Kind Ihnen oft beim Geschirrspülen zu. Zeigen Sie ihm dabei, wie Sie seinen eigenen Trinkbecher oder den Kinderteller saubermachen, und erklären Sie ihm allmählich immer mehr Tätigkeiten, die zum Spülen gehören. Bald wird es ebenfalls mithelfen wollen. Geben Sie ihm dazu eine eigene, kleine Spülschüssel mit Wasser, einen Lappen und unzerbrechliches Geschirr.

*** Lassen Sie Ihr Kind möglichst oft zuschauen, wenn Sie das Mittagessen oder das Abendessen zubereiten. Geben Sie ihm eine Mohrrübe oder ein Apfelstück in die Hand – dann hat es etwas zu tun und wartet außerdem nicht ungeduldig auf die bevorstehende Mahlzeit. Am besten ist es, wenn es beim Zuschauen so hoch sitzen kann, daß es alles gut überblickt, ohne daß ihm etwas passieren kann (z. B. auf einem Kinderhochsitz).

Zeigen Sie ihm,
– wo Sie die Zutaten herholen,
– welches Geschirr und welche Werkzeuge Sie benötigen (Messer, Löffel, Dosenöffner usw.) und was damit geschieht,
– wie die verschiedenen Zutaten gereinigt und zubereitet werden,
– wie Speisen und Getränke in Schüsseln und Becher gefüllt werden, und so auf den Tisch kommen,
– wie Sie die Sachen auf den Tisch stellen.

Etwa alle acht bis vierzehn Tage sollten Sie sich so viel Zeit nehmen, daß Sie Ihrem Kind diese Tätigkeiten genauer erklären können. Sagen Sie auch immer die Namen der Dinge, die Sie verwenden. Ihr Kind wird sie zwar noch lange nicht alle nachsprechen, es prägt sie sich jedoch ein und versteht sie immer besser.

*** Eine andere Tätigkeit, die es schon jetzt kennenlernen kann, ist das Tischdecken. Wählen Sie dafür aber nur Mahlzeiten, bei denen es nachher mitißt. Es darf zusehen, wie die Tischdecke auf den Tisch gelegt wird, wie das Geschirr herbeigetragen und aufgelegt wird, wie die Bestecke und andere Zutaten verteilt werden. Lassen Sie Ihr Kind ruhig selbst ein paar Kleinigkeiten zum Tisch tragen und später beim Abdecken helfen. Wenn Sie merken, daß ihm diese Hilfe großen Spaß bereitet und es sicher mit dem Geschirr umgeht, können Sie ihm auch zerbrechliches Geschirr anvertrauen. Geben Sie ihm aber nur ein Stück, und tragen Sie deshalb in solchen Fällen auch nur ein Teil heraus. (Dann besteht Ihr Kind weniger darauf, viele Sachen auf einmal tragen zu wollen.) Wie schon beim «sogenannten Kochen» sollten Sie auch für diese gemeinsame Tätigkeit viel Zeit aufbringen. Wenn es schnell gehen muß und Sie in Eile sind, lassen Sie Ihr Kind besser bei einer anderen Beschäftigung und arbeiten allein. Denn Sie müssen

diese Tätigkeiten langsam vorführen, sonst versucht Ihr Kind, ebenfalls so flott wie Sie zu «arbeiten», und erlebt dabei natürlich einige Mißerfolge. Aber auch so wird es gelegentlich vorkommen, daß Ihr Kind einmal etwas fallen läßt oder daß etwas schiefgeht. Sagen Sie dann nicht zum Trost: «Das macht doch nichts!» Es denkt dann, daß es wirklich nicht darauf ankommt, ob man aufpaßt oder nicht. Sagen Sie lieber: «Das kann jedem einmal passieren!», und räumen Sie zusammen mit Ihrem Kind die Scherben weg.

Ab 1;7 Jahren

** Im Verlauf des Spieltages ergibt es sich natürlich, daß im Kinderzimmer oder in der Spielecke Unordnung entsteht. Glauben Sie jedoch nicht, daß Sie Ihr Kind nur dadurch zur Ordnung erziehen können, daß Sie es jeden Abend zum Aufräumen zwingen. Was Sie damit erreichen, ist höchstens Pedanterie. Es genügt, wenn Sie einmal in der Woche zusammen mit Ihrem Kind alles aufräumen und zwischendurch die gröbste Unordnung beseitigen. Denken Sie daran, daß das Kind manche Sachen dort wiedersucht, wo es sie liegenließ. Und wenn es sie nie dort findet, wird sein Gedächtnis weniger geschult, es hat den Eindruck, daß die Dinge «von selbst» wieder an ihren Ausgangsort zurückwandern.

Außerdem glaubt es, daß es etwas nicht richtig macht (weil Sie hinterher alles wieder verändern). Wenn Sie es mit der Ordnung zu genau nehmen, hat Ihr Kind gewiß bald keinen Spaß mehr daran, seine Sachen aufzuräumen. Machen Sie also einmal jede Woche richtig Ordnung, und leiten Sie Ihr Kind an, dabei nach Kräften mitzuhelfen. Alle Spielsachen müssen ihren festen Platz haben, und Ihr Kind muß diesen Platz kennen: die «Garage» für die Autos, das Regal für die Puppen und Stofftiere, den Beutel für die Bauklötze usw. So wird es am ehesten versuchen, Sie beim Einräumen nachzuahmen.

*** Bei Ihren gemeinsamen Spaziergängen sollten Sie Ihr Kind auf möglichst viele Dinge und Tätigkeiten der Menschen aufmerksam machen. Sie können Ihre Erklärungen gar nicht oft genug wiederholen, denn erst nach vielen Wiederholungen hat es alles ganz genau verstanden und verarbeitet. Bis es dies alles selbst benennen und beschreiben kann, vergeht viel Zeit. Aber denken Sie daran: Je früher Sie Ihrem Kind seine natürliche und soziale Umwelt interessant und «durchschaubar» machen, desto sicherer kann es sich bald in ihr bewegen und sie bewältigen. Hier sind einige Anhaltspunkte:
– Erzählen Sie, wo Sie gerade mit dem Kinderwagen fahren (auf Gehwegen, der Fahrbahn, einem Parkweg).

– Sprechen Sie über das, was Sie sehen: Leute, die einkaufen, etwas verkaufen, auf einer Baustelle oder auf dem Feld arbeiten; Wohnblocks, Geschäfte, Schaufenster, Fabrik, Bauernhof; Rathaus, Brunnen, Feuerwehrhaus, Kirche; Tiere (Hunde, Katzen, Pferde, Enten, Spatzen, Schnecken); Gärten und Wiesen, Bäume, Sträucher, Hecken, Blumen, Gräser usw.
– Erzählen Sie Ihrem Kind möglichst viel über die Eigenschaften und die Bedeutung der Dinge, die es sieht. Wenn Sie beobachten, daß es eine Sache besonders aufmerksam betrachtet, sollten Sie noch genauer darauf eingehen und seine Neugier mit zusätzlichen Erklärungen befriedigen.
– Beschreiben Sie, welches Wetter gerade herrscht, und lassen Sie es Regen, Schnee oder sonnenwarme Steine berühren. Erklären Sie ihm auch, warum es wegen des Wetters eine bestimmte Kleidung anziehen muß.

Ab 1;10 Jahren

** Die meisten Dinge, mit denen wir täglich umgehen, sind mit viel Überlegung gestaltet worden. Wenn sich deshalb zwei Dinge stark unterscheiden, hat das gewöhnlich einen guten Grund. Helfen Sie Ihrem Kind, diese Unterschiede zwischen den Gegenständen zu erkennen und zu verstehen. Das ist am einfachsten, wenn Sie zwei Dinge miteinander vergleichen. Erklären Sie Ihrem Kind im Laufe der Zeit die folgenden gegensätzlichen Begriffe (die Liste der einzelnen Beispiele läßt sich natürlich beliebig verlängern):

- groß–klein (Beispiele: großer Tisch, kleiner Tisch, großer Schlüssel, kleiner Schlüssel, großer Hund, kleiner Hund usw.);
- lang – kurz (Beispiele: Bleistift, Schnur, Ast, Finger, Ski, Zaun, Besenstiel usw.);
- dick–dünn (Beispiele: Brotscheibe, Wurst, Buch, Bauklotz, Brett, Kerze usw.);
- warm–kalt (Beispiele: Wasser, Ofen, Kuchen, Suppe, Kartoffeln, Toastbrot, Schuhe, Hände, Luft, Motor, Ventilator usw.);
- weich–hart (Beispiele: Brot, Ball, Puppe, Kissen, Bürste, weicher Sessel und harter Stuhl, weicher Schwamm und harte Seife, weiche Socken und harter Schuh usw.);
- süß–sauer (Beispiele: Apfel, Marmelade, Trauben, Kirschen, Birnen, Joghurt, süße Bonbons und saure Gurken, süße Schokolade und saure Salatsoße usw.);
- laut–leise (Beispiele: Singen, Sprechen, Pfeifen, Klatschen, Trampeln, Hupen, Musik, Glocke, Ton, Signal, Donner usw.);
- hell–dunkel (Beispiele: heller und dunkler Raum, Tag und Nacht, Kerzen- und Lampenlicht,

Autoscheinwerfer, Taschenlampe usw.);
- viel–wenig (Beispiele: Nüsse, Bonbons, Bausteine, Früchte, Wäscheklammern, Blumen, viele Schafe und wenige Hühner, viele Ameisen und wenige Marienkäfer usw.);
- rund–eckig (Beispiele: Bausteine, Dosen, Stab, Bilderrahmen, Verkehrsschild, Stein, Kissen usw.).

** Sie können auch von ganz unterschiedlichen Gegenständen ausgehen, um Ihr Kind zu genauem Hinsehen und Vergleichen anzuleiten. Lassen Sie es jede Woche zwei der nachfolgenden Paare betrachten. Erklären Sie ihm dabei ihre besonderen Merkmale und Eigenschaften:

- Apfel–Birne (der Apfel ist rund, die Birne länglich, die eine Frucht ist grün, die andere gelb bzw. groß, klein, hart, weich usw.);
- Arm–Bein (kräftig, schwach, dick, dünn, oben, unten, zum Greifen, zum Laufen usw.);
- Auto–Fahrrad (schnell, langsam, groß, klein, für mehrere Personen, für eine Person usw.);
- Ball–Baustein (rund, eckig, springt, springt nicht, kann rollen usw.);
- Buch–Brot (eßbar, nicht eßbar, leicht, schwer, krümelt, krümelt nicht usw.);
- Butter–Marmelade (gelb, rot, süß, nicht süß, zuerst wird die Butter aufs Brot gestrichen, dann

die Marmelade usw.);
- Gabel–Löffel (spitz, rund, für Fleisch und Kartoffeln, für Brei, kann stechen, ist ungefährlich usw.);
- Blatt–Gras (rundlich, schmal, lang, spitz, groß, klein, mit Stiel usw.);
- Hose–Hut (für die Beine, für den Kopf, die Hose hat drei Öffnungen, der Hut nur eine usw.);
- Mama–Papa (Arbeitssituation, Unterschiede der Kleidung, des Körperbaus, des Haarschnitts usw.);
- Wasser–Milch (durchsichtig, weißlich und undurchsichtig, kommt aus dem Wasserhahn, schmeckt fad usw.);
- Radio–Fernseher (nur Töne, Bild und Töne, groß, klein usw.);
- Gänseblümchen–Glockenblume (weiß, blau, viele Blütenblätter, kurz, lang usw.);
- Vogel–Hund (kann fliegen, kann springen und laufen, singt, bellt, hat zwei Beine, hat vier Beine, hat Federn, hat ein Fell).

Sicher fallen Ihnen noch viele Beispiele von Dingen ein, die etwas gemeinsam haben und einige Unterschiede aufweisen.

** Im Laufe des Tages lernt ein Kind die Tätigkeiten der Mutter (oder des Vaters) sehr gut kennen. Es schaut beim Bettenmachen zu, beim Kochen, beim Aufräumen, beim Waschen, beim Bügeln und allen anderen häuslichen Verrichtungen. Sie sind ausgezeichnete «Lernstoffe» für das Kind, es verfolgt den Ablauf, verarbeitet und begreift ihren Sinn. Indem es zusieht, Ihre Erklärungen hört und später die gleichen Handgriffe probiert, wird seine Intelligenz wesentlich angeregt. Es weiß immer besser, welche Handlungen in bestimmten Situationen notwendig sind. Wenn Sie berufstätig sind und das Kind deshalb wenig häusliche Tätigkeiten miterleben kann, sollten Sie sich wenigstens am Wochenende viel Zeit für die Erklärung dieser Dinge nehmen. Natürlich interessiert es das Kind auch, was der Vater (oder die Mutter) tagsüber macht. Am besten wäre es, wenn es ihn (oder sie) gelegentlich am Arbeitsplatz besuchen könnte.

Spiele und Aufgaben, die Ihr Kind gelenkig machen

Gewöhnen Sie Ihr Kind schon früh an ein tägliches Gymnastik- und Turnprogramm. Durch die gemeinsamen Übungen verbessern Sie sowohl Ihre eigene Kondition und körperliche Fitness, Ihre Ausdauer, Ihr Körpergefühl und Ihre Gelenkigkeit als auch die Entwicklung aller Muskeln Ihres Kindes.

Selbstverständlich würde Ihr Kind auch ohne regelmäßige Gymnastik Fortschritte in der gesamten Körperbeherrschung machen. Doch es wird in seinen Bewegungsabläufen «weiter» sein, wenn Sie systematisch vorgehen. Dies sind die äußeren Bedingungen für die gesamte Gymnastik:

– Wählen Sie eine Zeit aus, in der Ihr Kind voraussichtlich trocken und sauber ist. Dann können Sie Ihr Kind leicht ankleiden (Höschen und Hemdchen genügen) und in einem normal temperierten Raum (20 Grad) mit dem Spielen beginnen. Wenn Ihr Kind nackt turnt, sollte die Temperatur 20 bis 23 Grad betragen.
– Bereiten Sie eine freie Fläche von drei mal drei Metern für Ihre Übungen vor.
– Üben Sie entweder jeden zweiten Tag insgesamt 20 Minuten oder (noch besser) täglich 10 bis 15 Minuten.
– Turnen Sie selbst mit, und ziehen Sie sich möglichst ähnlich wie Ihr Kind an. Ihr Vorbild hat dann eine noch größere Wirkung.
– Wenn Sie einen Teppichboden haben, legen Sie eine Decke auf den Fußboden und darunter eventuell eine Schaumgummimatte (damit die Decke nicht verrutschen kann). Bei einem splitterfreien Holzboden können Sie später auf die Decke verzichten (ab eindreiviertel Jahren).
– Weitere Materialien brauchen Sie zunächst nicht. Eventuell benötigte Hilfsmittel sind jeweils bei den Übungen aufgeführt.
– Im Sommer machen Sie die Übungen am besten im Freien. Ist das nicht möglich, turnen Sie bei weit geöffnetem Fenster (im Winter bei wenig geöffnetem Fenster).
– Machen Sie das Bewegungstraining nur, wenn Ihr Kind völlig gesund ist und wenn es nicht müde wirkt. Fragen Sie Ihren Arzt, ob Sie beim Spielen und bei der Gymnastik auf bestimmte Übungen besonders achten sollen oder ob es Übungen gibt, die Ihr Kind besser lassen sollte.

Die folgenden Übungen und Spiele eignen sich für jedes normal entwickelte, gesunde Kind.

Ab 1;0 Jahren

** Ziehen Sie Ihr Kind aus der Rückenlage an den Füßen hoch, und lassen Sie es langsam in die gleiche Lage zurückgleiten. Dann ziehen Sie es noch einmal hoch und lassen es zwei Sekunden frei hängen. Es wird versuchen, die Hände Halt suchend auf den Boden zu stützen. Dann lassen Sie es über die Bauchlage auf den Boden zurückgleiten.

** Ziehen Sie Ihr Kind gelegentlich ein kleines Stück (etwa 5 cm) an den Händen hoch. Es soll dabei Ihre beiden Daumen umfassen. Sobald Sie merken, daß sein Griff sich zu öffnen beginnt, setzen Sie es wieder ab.

* Spielen Sie «Fangen» um einen Hocker oder einen kleinen Tisch: Wenn Ihr Kind Ihnen nachgeht oder nachkrabbelt, weichen Sie ihm aus. Nach zwei Umläufen lassen Sie sich wirklich fangen – und beim nächstenmal geht es in der entgegengesetzten Richtung weiter. Spielen Sie jeweils dreimal:
- Gehen Sie um den Tisch (anfangs wird sich Ihr Kind noch daran festhalten),
- Krabbeln Sie um den Tisch. Achten Sie darauf, daß Ihr Kind «richtig» krabbelt: Die rechte

Hand greift vor, das linke Bein wird nachgesetzt; die linke Hand greift vor, das rechte Bein wird nachgesetzt usw. Bei diesem Spiel werden fast alle Muskeln angeregt und angestrengt, und das macht Ihrem Kind sicher großen Spaß.

** Setzen Sie Ihr Kind in eine Zimmerecke, und gehen Sie dann schnell in die gegenüberliegende Ecke. Von dort aus rufen Sie es zu sich und fangen es mit ausgebreiteten Armen auf. Machen Sie dann mit ihm der Reihe nach folgende Übungen:
- Greifen Sie es unter beide Arme, heben Sie es hoch in die Luft. Bringen Sie es dort in eine waagerechte Schwebelage.
- Heben Sie es hoch, und setzen Sie es hinter Ihren Kopf auf die Schultern, so daß seine Beine rechts und links herunterhängen. Halten Sie es dabei sehr fest an seinen Unterarmen, damit es Ihnen nicht entgleiten kann, wenn es sich plötzlich abstemmt oder aufbäumt.
- Heben Sie es hoch, und nehmen Sie es «Huckepack» (seine Oberschenkel umklammern Sie in Hüfthöhe).

Bleiben Sie bei einigen dieser Hebeübungen am gleichen Ort stehen, und gehen Sie bei anderen mit Ihrem Kind im Zimmer herum. Es sieht dann seine Umgebung einmal aus einer ganz neuen

Ein Beispiel dafür, was man mit zwei Stäben machen kann.

Perspektive und bekommt außerdem einen großen Erfahrungsschatz mit allen denkbaren Gleichgewichts- und Ausgleichsübungen. Beginnen Sie langsam, damit sich Ihr Kind nicht ängstigt. Später können Sie das Tempo steigern.

* Für die folgende Übung werden zwei Erwachsene benötigt. Einer spielt «Pferd» und kniet sich auf den Boden, der andere hält das Kind beim Reiten am Oberarm fest. Dann krabbelt das «Pferd» los. Anfangs müssen Ihre Bewegungen dabei sehr langsam und gleichmäßig bleiben. Etwa ab eineinhalb Jahren können Sie schneller krabbeln und zwischendurch auf die Hilfestellung verzichten. Diese Übung macht Ihrem Kind besonders großen Spaß. Sie dient der Entwicklung eines sicheren Gleichgewichtssinns und schneller Ausgleichsreaktionen.

Ab 1;4 Jahren

*** Verwandeln Sie von nun an Ihren Fußboden im Wohn- oder Kinderzimmer einmal wöchentlich in eine Hügellandschaft. Sie brauchen dazu Kissen, ein Federbett, eine Matratze, einen kleinen Hocker, einen zusammengerollten Teppich, drei große leere Schachteln und andere raumfüllende Dinge aus Ihrer Wohnung. Gehen Sie mit Socken darin herum, und lassen Sie auch Ihr Kind leicht bekleidet darin spielen. Es soll

Ihnen nachfolgen, Spielsachen holen und wegbringen, sich also möglichst viel inmitten dieser «Hindernisse» bewegen. Dabei lernt es, die verschiedenen Unebenheiten zu berücksichtigen und seine Schritte und Bewegungen danach auszurichten. Auch die Tiefenschärfe seiner Augen wird dabei besonders geschult. Im Sommer können Sie diese Übung im Freien machen. Während eines Waldspaziergangs z. B. trifft man auf viele natürliche Unebenheiten. Sämtliche Muskeln werden bei diesem Spiel angesprochen und Kopf und Hände als «Ausgleichsgewichte» eingesetzt. Es gibt natürlich sehr viele Variationsmöglichkeiten: So können Sie beispielsweise mit einem Stuhl oder Tisch den «Zugang» versperren, so daß Ihr Kind jedesmal unten durchkriechen muß, Sie können über einen Hocker klettern, was Ihr Kind sicher nachahmen wird usw.

** Spielen Sie mit Ihrem Kind Umzug von einem Zimmer in das andere. Geben Sie ihm einen kleinen Korb oder Beutel in die Hand, und füllen Sie nach und nach immer mehr kleine Spielsachen hinein. Dabei wird der Korb immer schwerer. Ihr Kind muß also sein Gleichgewicht ständig neu anpassen. Bei späteren Wiederholungen dieses Spiels können Sie neue Variationen ausprobieren: Mal ist es ein großer Korb, mal ein kleinerer, mal trägt das Kind ihn mit beiden Händen, mal mit der

rechten, dann mit der linken. Auch in der Art der zu tragenden Dinge sollten Sie wechseln. Ihr Kind trägt:
– eine leichte Einkaufstasche,
– einen Beutel mit Früchten,
– eine Schachtel mit Schuhen usw.

Je vielseitiger das Angebot ist und je unterschiedlichere Reaktionen es verlangt, desto besser lernt Ihr Kind, seinen Körper und seine Fähigkeiten richtig einzuschätzen.

** Viel Abwechslung bringt das Nachahmen bestimmter Tiere. Ihrem Kind fällt es besonders leicht, wenn es das betreffende Tier noch gut in Erinnerung hat, also beim letzten Spaziergang sehen und beobachten konnte.

Spielen Sie z. B.
– einen Hund, der schnell und langsam läuft, der einen Stein beschnuppert, bellt usw.;
– eine Katze, die langsam schleicht, miaut, sich streckt usw.;
– einen Vogel, der nach Körnern pickt, flattert, in ruckartigen Bewegungen vorwärts hüpft usw.;
– einen Frosch, der in großen Sätzen springt und dann in kauernder Stellung verharrt;
– einen Fisch, der durch das Wasser gleitet und dabei seine Flossen bewegt, der rasche Kurven schwimmt, an Futter knabbert usw.

*** Wenn Sie im Haus eine saubere, kurze Treppe haben, können Sie Ihr Kind jetzt gut ans Treppensteigen heranführen. Zunächst wird es auf allen vieren die Stufen hinaufkrabbeln. Bleiben Sie zunächst immer dicht hinter ihm, um es notfalls aufzufangen, wenn es abrutscht. Beim Heruntergehen stehen Sie jeweils zwei bis drei Stufen tiefer; Ihr Kind wird Ihnen dann sicherlich folgen. An einer langen Treppe sollten Sie nicht üben, weil Ihr Kind sonst vielleicht in einem unbeobachteten Augenblick allein hinaufklettern und sich bei einem Sturz verletzen könnte. Bei einer vielbegangenen Treppe in einem mehrstöckigen Haus nehmen Sie die Treppe zum obersten Stockwerk, sie ist meistens am saubersten.

Ab 1;7 Jahren

** Spielen Sie mit Ihrem Kind Auto oder Zug. Dazu brauchen Sie zwei runde Stäbe mit abgerundeten Spitzen. In jede Hand nehmen Sie und Ihr Kind das Ende der beiden Stöcke, dann geht die «Reise» los. Passen Sie Ihren Schritt der Geschwindigkeit Ihres Kindes an. Machen Sie dabei Geräusche wie ein Zug oder ein Auto. Zuerst geht Ihr Kind voraus. Betonen Sie jeden Schritt «musikalisch», damit Ihr Kind sich auf den Rhythmus einstellt. Nach zwei Runden um den Tisch oder durch die Wohnung wechseln Sie – nun gehen Sie voraus (drehen Sie sich aber dabei zunächst Ihrem Kind zu). Nicht nur die Beine sollten sich im Rhythmus bewegen, sondern auch die Arme. Nach ein paar Tagen variieren Sie das Spiel:

– Sie tragen nur noch einen Stab (abwechselnd in der rechten oder linken Hand).
– Sie verlängern den Stab, indem Sie beide zusammenbinden.
– Sie umwickeln die Stäbe mit bunten Bändern oder hängen eine Tasche bzw. Spielzeug daran auf. Zunächst werden Sie durch seitlichen Druck die «Lenkung» bestimmen müssen. Nach einigen Spielen wird Ihr Kind jedoch schon ganz geschickt ohne diese Führung durch die Wohnung steuern.

** Wiederholen Sie häufig die folgenden fünf Spiele mit Ihrem Kind:

– Radfahren: Sie fassen Ihr auf dem Rücken liegendes Kind an den Füßen und bewegen sie wie beim Radfahren im Kreis. Nach einiger Zeit können Sie sich Ihrem Kind gegenüber auf den Rücken legen und die Fußbewegungen Ihres Kindes durch Ihre eigenen Fußsohlen dirigieren. Das wird nicht gleich beim erstenmal klappen. Aber wenn es schließlich gelingt, hat Ihr Kind zwei wichtige Dinge hinzugelernt: Es kann nun sogar eine komplizierte Bewegung allein lenken, und es kann feinfühlig auf andere Bewegungen reagieren.

– Machen Sie auf dem Boden eine «Brücke» für Ihr Kind, unter der es in verschiedenen Richtungen durchkriechen kann. Verändern Sie jedesmal die Höhe der Brücke und die Breite des Durchlasses (mal setzen Sie Ihre Arme entfernt auf, mal näher usw.). So lernt es, sich auf verschiedene räumliche Bedingungen einzustellen. Es kriecht durch Ihre Beine und Arme hindurch, es robbt unter Ihrem Rumpf hindurch usw.

– Ziehen Sie eine zwei Meter lange, dicke Schnur hinter sich her, und zeigen Sie Ihrem Kind, wie es auf das Ende der Schnur treten kann, während Sie die Schnur «tanzen» lassen. Wenn es das schon gut beherrscht, erschweren Sie das Spiel: Nun bewegen Sie die Schnur ruckartig hin und her, ziehen sie zwischendurch rasch näher usw. Ihr Kind sollte natürlich immer mal wieder sein Ziel, auf die Schnur zu treten, erreichen.

– Machen Sie Ihrem Kind vor, wie man sich durch seitliches Rollen fortbewegen kann. Die gleiche Übung können Sie im Sommer auch gut im Freien zeigen, wenn Sie einen kurzen, etwas schrägen Wiesenhang finden. Dieses Rollen macht Ihrem Kind nicht nur großen Spaß, es trainiert besonders seine Bauch- und Rückenmuskulatur.

– Bitten Sie Ihren Partner, Ihnen beim folgenden Spiel zu helfen: Eine Person steht oben auf einem

Zunächst auf einem breiten Brett gehen, dann auf einem weniger breiten, schließlich auf einem schmalen: so lernt Ihr Kind balancieren.

Balkon, die andere unten neben dem Kind. An einer Schnur lassen Sie nun ein Spielzeug vom Balkon herunterbaumeln und gleichmäßig hin- und herschwingen. Nach fünf bis acht vergeblichen Zugriffen sollten Sie Ihr Kind unbedingt das Spielzeug «erwischen» lassen.

Auch wenn Ihr Kind sich sehr über das eine oder andere Spiel freut, sollten Sie es nur ein- bis zweimal täglich versuchen. Sonst verliert es bald den Spaß daran und mag nicht mehr üben.

Ab 1;10 Jahren

*** In der Einführung zu den Entwicklungsanregungen ist der Situationsansatz dargestellt. Ein Beispiel der Anwendung im folgenden:

Beim Besuch eines Schwimmbades mit größerem Freigelände oder im Urlaub an einem See- oder Meeresstrand können Sie sehr gut eine «Hindernisbahn» laufen: Sie gehen langsam mit Pausen, entweder dicht gefolgt von Ihrem Kind oder Hand in Hand,
– an der Wasserkante entlang,
– einen kleinen Hügel hinauf,
– in einer «Achterbahn» um zwei dicht beieinander stehende Bäume,
– durch das Becken für «Kleinstkinder»,
– klettern eine kleine Balustrade

hoch (oder mehrere höhere Treppenstufen),
– balancieren auf einem schmalen Bord usw.

Sie nutzen also systematisch alle sich im Zusammenhang bietenden Bewegungsmöglichkeiten und erreichen damit in einem natürlichen Zusammenhang ein Training fast aller zur Fortbewegung und für das Gleichgewichthalten erforderliche Muskeln. Vielleicht können Sie Ihrem Kind sogar verständlich machen, daß Sie «Radfahrer», «Zug» oder «Auto» spielen und dabei die verschiedensten Situationen anlaufen.

** Rollen Sie Ihrem Kind einen Ball zu, und leiten Sie es dabei an, den Ball einmal aus dem Schneidersitz (mit überkreuzten Beinen) aufzufangen und zurückzurollen, das nächste Mal aus dem Langsitz (beide Beine sind gestreckt nebeneinander auf dem Boden), dann aus dem Grätschsitz (die Beine sind auseinandergespreizt und gestreckt), schließlich aus der Hocke. Nennen Sie dabei jeweils den Namen der Sitzart, damit Ihr Kind versteht, was mit den einzelnen Bezeichnungen gemeint ist. Sie werden später noch in vielen Übungen als «Ausgangslage» benötigt. Zwei weitere wichtige Lagen lernt Ihr Kind beim «Schwimmen» kennen. Es liegt dabei auf dem Bauch oder auf dem Rücken und bewegt Arme und Beine in möglichst großen Kreisen um sich herum.

* Drei Geräte haben sich in der Bewegungserziehung von kleinen Kindern besonders bewährt: das Türreck, eine große Rolle und eine (alte) Federkernmatratze.

– Am Türreck kann Ihr Kind schaukeln, wenn es sich mit den Händen daran festhält, es kann darübersteigen (tiefer gestellt), es kann unten durchkriechen, es kann sich festhalten und dann vor- und zurücklaufen, bis es nahezu waagerecht gestreckt ist usw.

– Über die große, breite Rolle kann es krabbeln, es kann sie schieben und vor sich herrollen, darauf reiten usw.

– Auf der Federkernmatratze kann es gehen und hüpfen und dabei üben, das Gleichgewicht zu halten, es kann sich hinfallen lassen usw.

*** Zeigen Sie Ihrem Kind, wie es von Möbeln herunterspringen kann. Die Höhe kann man langsam steigern. Erstes Angebotsobjekt ist ein sehr niedriger Schemel. Ihr Kind muß lernen, daß man mit beiden Beinen gleichzeitig abspringt und mit beiden Beinen zugleich aufkommen soll. Zeigen Sie ihm, daß es durch Bewegungen der Arme den Schwung bremsen und so beim «Aufprall» auf den Boden das Gleichgewicht halten kann. Wenn Ihr Kind ohne Angst von dem niedrigen Schemel herunterspringt, können Sie die Absprunghöhe steigern, indem Sie zunächst ein dickes Buch (z. B. das Telefonbuch einer Großstadt) auf den Schemel legen. Mit einiger Übung springt Ihr Kind am Ende des zweiten Lebensjahres sicher aus einer Höhe von 40 cm. Bei den ersten Sprüngen müssen Sie ihm wahrscheinlich eine kleine Hilfestellung geben, indem Sie es noch beim Absprung (unter den Armen) unterstützen. Und so machen Sie das Spiel verlockend: Springen Sie selbst immer mal wieder von oben herunter, dann will es dieses «Kunststück» auch bald beherrschen.

Erfolgserlebnisse stärken die Selbstsicherheit

Das Selbstbild Ihres Kindes wird wesentlich durch die Informationen geformt, die es über sich von Ihnen erhält. Sagen Sie deshalb in seiner Gegenwart nie negative Dinge über Ihr Kind. In den ersten drei bis sechs Lebensjahren verläßt es sich noch völlig darauf, daß das, was Sie sagen, auch wirklich stimmt. Wenn es von Ihnen viele positive Aussagen über sein Können und seine Leistungen hört, gewinnt es Vertrauen zu sich. Es möchte sich beweisen, daß Ihre Anerkennung begründet ist, und übt deshalb auch mehr als ein mit negativen Urteilen (Dummerle, Dreckspatz usw.) belastetes Kind. Wenn Ihr Kind von seiner eigenen Leistungsfähigkeit überzeugt wird, packt es mit Selbstvertrauen neue Aufgaben an und verzweifelt nicht bei jeder Schwierigkeit.

Andererseits wäre es natürlich auch falsch, das Kind allzu überschwenglich (und unbegründet) zu loben. Das würde sicher später zu einer Enttäuschung führen, wenn es seine Fähigkeiten mit denen anderer Kinder vergleicht. Dazu ein konkretes Beispiel: Nehmen Sie an, daß Ihr Kind einen Teller zerbrochen hat. Sagen Sie bitte nicht: «Das habe ich mir gleich gedacht, daß das schiefgeht!» (Wenn Sie das wirklich gedacht haben, hätten Sie ihm den Teller nicht geben dürfen!) Verkneifen Sie sich auch den zornigen Ausruf: «Du machst alles kaputt!» (Das stimmt gewiß nicht!) Auch die Frage: «Warum hast du denn nicht aufgepaßt?» wäre falsch. Denn Ihr Kind ist subjektiv davon überzeugt, daß es sich Mühe gegeben hat. Richtig ist dagegen folgende Reaktion: «Schade, daß der Teller zerbrochen ist! Wir werden einen anderen kaufen. Das ist mir auch schon passiert!» Lassen Sie Ihr Kind auf jeden Fall weiterhin Teller tragen. Geben Sie ihm Geschirr, das eventuell kaputtgehen darf (was Ihr Kind natürlich nicht wissen soll). Holz und Plastikgeschirr eignet sich für diese Aufgabe jedoch nicht. Denn wenn es herunterfällt und nicht zerbricht, fragt sich Ihr Kind, wieso es das eigentlich so vorsichtig tragen sollte!

Ihre eigene Selbstsicherheit und die Ihres Partners spielt übrigens für die sich entwickelnde Selbstsicherheit Ihres Kindes eine wichtige Rolle. Unsicherheiten und Zweifel werden von Ihrem Kind wahrgenommen und als «richtiges» Verhalten übernommen. Ihr Kind sieht Sie beispielsweise in einem Geschäft sehr lange zwischen verschiedenen Waren zögernd mit der Kaufentscheidung verharren. Es übernimmt unter Umständen diese zögernde Haltung (nicht aufgrund einer einzigen, zögerlichen Entscheidung, wohl aber, wenn es dieses Verhalten häufig erlebt). Oder: Sie können kaum eine Wahl treffen, ohne zuvor Ihren Partner gefragt zu haben... Haben Sie nie Zweifel an Ihrem eigenen Verhalten – also vielleicht zuviel Selbstsicherheit? Dann sollten Sie kritisch über sich nachdenken und Ihr Verhalten ändern.

Falls Sie in einer gesellschaftlichen Randposition leben, finanziell stark belastet sind oder in einer persönlichen Krisensituation (wegen eines Partnerproblems oder einer Krankheit usw.), ist die Gefahr groß, daß Ihr Kind die dabei erlebte Unsicherheit zu spüren bekommt und in seine «Weltsicht» aufnimmt. Es erlebt dann die Umwelt als bedrohlich.
Zur Überwindung dieser Situation sollten Sie ganz bewußt und gezielt Kontakt zu anderen Menschen aufnehmen, die Ihnen und Ihrem Kind helfen können – nehmen Sie auch unbedenklich Hilfsangebote an. Helfen Sie auch anderen, die Sie in einer belastenden Lebenssituation erleben,

damit Ihr Kind solche Handlungsweisen erfährt.

Ab 1;0 Jahren

*** Lassen Sie Ihr Kind in zunehmendem Maß «schwierige» Aufgaben bewältigen, und loben Sie es, wenn es geklappt hat. So stärken Sie sein Selbstvertrauen und ermutigen es zur Entwicklung und Ausbildung seiner Fähigkeiten. Wenn zwischendurch mal wieder ein Malheur passiert, besprechen Sie es, erwähnen Sie aber kurz darauf einige positive Leistungen. Damit verhindern Sie, daß Ihr Kind sich zu sehr kritisiert.

*** Fördern Sie systematisch die Leistungsfähigkeit Ihres Kindes, indem Sie alle Entwicklungsanregungen möglichst regelmäßig durchführen. Dabei entwickelt Ihr Kind sehr vielseitige Erfahrungen mit sich und seiner Umwelt und erlebt gleichzeitig alle seine bereits vorhandenen Möglichkeiten. Es wird selbständiger und lernt, sich selbst zu vertrauen und eigene Entscheidungen zu treffen.

*** Stellen Sie Ihr Kind täglich vor drei bis fünf Wahlsituationen, die es mit Erfolg bearbeiten kann. Voraussetzung dabei ist, daß Ihr Kind die Möglichkeiten, zwischen denen es wählen soll, gut kennt. Es muß abschätzen können, welche Folgen mit der Wahl einer bestimmten Alternative verbunden

Kinder suchen häufig
Aufgaben, die ihnen nicht
leichtfallen. Manchmal
«stolpern» sie geradezu
hinein. Aber denken Sie
daran: jede bewältigte
Aufgabe trägt zu wachsen-
der Selbstsicherheit bei.

sind. Wahlsituationen führen zu einer bedeutenden Aktivierung der eigenen Persönlichkeit und des Denkens. Dies wiederum trägt zur Entwicklung der Selbstsicherheit und des Selbstwertgefühls bei. Hier einige Beispiele:
– Kleidung (Welche Socken? Welcher Pullover? Welche Schuhe?),
– Spielzeug (Womit willst du heute spielen?),
– Beschäftigung (Willst du mit in die Küche gehen? Willst du in deinem Zimmer bleiben? Willst du spazierenfahren?),
– Spaziergang (Auswahl des Ziels, der besonderen Tätigkeiten während des Spaziergangs),
– Essen (Butterbrot oder Marmeladenbrot? Milchbrei oder Wurstbrot?),
– Schlafenszeit (Willst du jetzt schlafen? Willst du noch aufbleiben?).

*** Sicher möchte Ihr Kind gelegentlich Dinge tun, die Sie absolut nicht sympathisch finden: Es steuert beim Spaziergang zielstrebig auf eine Pfütze zu, um sich hineinzusetzen und im Wasser zu planschen, es will unbedingt einen Gegenstand behalten, den Sie brauchen, es trödelt herum, wenn Sie gerade in großer Eile sind... Machen Sie es sich zur Regel, nicht alle Ihre Wünsche gegenüber Ihrem Kind durchzusetzen. Wägen Sie ab, ob durch das Vorhaben Ihres Kindes seine Sicherheit oder seine Gesundheit gefährdet sind. Ist das nicht der Fall, seien Sie ruhig manchmal «großzügig». Das heißt, verzichten Sie hin und wieder auf Ihre eigenen Wünsche, und richten Sie sich nach Ihrem Kind. Aufräumen z. B. ist zu unwichtig, als daß es deswegen ein Spiel vorzeitig unterbrechen müßte. Sagen Sie in diesem Fall etwa: «Eigentlich wollte ich ja jetzt zusammen mit dir aufräumen. Aber du spielst gerade so schön, daß ich dich nicht stören möchte. Dann machen wir eben morgen früh zusammen Ordnung, ja?» Ihr Kind erfährt so, daß Sie manchmal nachgeben, und lernt, selbst nachzugeben. Indem es spürt, daß Sie einen Verzicht leisten, wird ihm deutlicher bewußt, daß auf seine Wünsche und seine Persönlichkeit Rücksicht genommen wird. Auch mit dieser Erfahrung wird sein Selbstwertgefühl stark angeregt.

*** Kreativität und Flexibilität gehören zu den wichtigsten Eigenschaften, die Ihr Kind beibehalten bzw. erwerben soll. Doch vergessen Sie darüber nicht, ihm einige feste Gewohnheiten zu geben: das tägliche Waschen, die Körperpflege und Lernspiele, die täglich bis zu 60 Minuten in Anspruch nehmen (verteilt auf vier bis sechs «Portionen»), die gemeinsamen Mahlzeiten usw. Mit diesen Gewohnheiten engen Sie Ihr Kind zwar ein, aber Sie erreichen dadurch, daß sie ihm zur Selbstverständlichkeit werden und nicht zu einer mühsamen Pflicht.

Sie können die Erlebnisfähigkeit Ihres Kindes steigern

Ab 1;0 Jahren

*** In den ersten Jahren saugt Ihr Kind jede positive Zuwendung in sich auf und bildet daraus ein nachhaltiges «Polster» für Zeiten, in denen weder Sie noch andere Menschen sich so intensiv mit ihm befassen können. Lassen Sie Ihr Kind deshalb viele angenehme Erlebnisse und positive Gefühle erfahren. Verhindern Sie möglichst, daß
– Ihr Kind schreit oder weint, weil ihm ein dringender Wunsch nicht erfüllt wird (dazu gehört auch der Wunsch nach Ihrer Anwesenheit);
– Ihr Kind längere Zeit ohne Sie auskommen muß (weil Sie allein Urlaub machen oder aus einem anderen Grund verreisen);
– Sie selbst zuwenig Zeit haben, sich auf Ihr Kind einzustellen und ihm alle Möglichkeiten zu bieten, seine Fähigkeiten zu entwickeln.

*** Das Gefühlsleben Ihres Kindes können Sie durchaus fördern und auch differenzieren, auch mit Worten. Wichtiger ist aber liebevolles Eingehen auf seine Wünsche, z. B. nach Zärtlichkeiten.

Aber Ihre Gefühlsäußerungen müssen dabei unbedingt «echt» sein und mit Ihrem Tun übereinstimmen. Folgende Situationen ermöglichen es Ihrem Kind, seine Gefühle zu differenzieren:
– alle Spiele und Lernaktivitäten (durch Lob, Bestätigung, Ermutigung),
– Gymnastik und Bewegungen,
– Baden und Wasserplanschen,
– Spaziergänge, bei denen Ihr Kind auf etwas Interessantes hingewiesen wird (Tiere und Pflanzen in Wald und Feld, andere Kinder, ein Markt, Warenhäuser, Baustellen usw.),
– neue und ungewohnte Situationen (zünden Sie einmal bei Dunkelheit Kerzen an, und lassen Sie Ihr Kind dabei für kurze Zeit leise Musik hören; gehen Sie mit ihm in den Tierpark oder in einen Kinderzirkus bis zur Pause; unternehmen Sie am Abend einen Spaziergang durch beleuchtete Straßen mit Lichtreklamen usw.).

*** Ihr Kind erlernt Gefühle und Gefühlsäußerungen auch direkt von Ihnen. Es beobachtet, wie Sie sich verhalten und wie sich Ihre Mimik, Ihre Gestik, Ihre Stimme

«Ich kann gut mit anderen umgehen, wenn ich selber erlebe, daß ich geliebt und getröstet werde.»

**Der Umgang mit Tieren schult die
Erlebnisfähigkeit Ihres Kindes.**

bei bestimmten Ereignissen verändern. Wie verhalten Sie sich z. B., wenn eine Tür mit lautem Knall vom Zugwind zugeschlagen wird? Reagieren Sie ängstlich? Springen Sie erschrocken hoch? Ob Sie heftig oder «gemäßigt» reagieren, hängt natürlich ganz von Ihrem eigenen Temperament ab. Es wäre falsch, wenn Sie sich aus «Erziehungsgründen» ein ganz neues Verhalten aufzwingen wollten. Ihr Kind würde genau spüren, daß Ihr Empfinden mit Ihrer Reaktion nicht übereinstimmt. Denken Sie immer daran, daß das Gefühl Ihrem Kind später hilft, sich in schwierigen Situationen besser zurechtzufinden. Es könnte es später schwer haben, wenn es durch Vater oder Mutter daran gewöhnt worden ist, «daß man keine Gefühle zeigt». Fallen Sie aber auch nicht in das andere Extrem, nur noch gefühlsbetont zu handeln oder Ihre Gefühle künstlich hochzuspielen. Das würde Ihr Kind skeptisch gegenüber Gefühlen machen. Es wüßte nicht, wieweit es den Gefühlsäußerungen anderer Menschen trauen darf, und würde dadurch verunsichert.

*** Folgende Einflüsse behindern die freie Entfaltung der Gefühlsäußerungen und sollten daher verhindert werden:
- Beharren auf Ruhe (weil andere dadurch gestört werden könnten),
- Einschränken der Bewegungsfreiheit des Kindes (Laufstall, bei Spazierfahrten immer angegurtet, Spielen nur in einem Raum erlaubt, enge und zu warme Kleidung),
- ständiges Betonen von Ordnung und Sauberkeit (Spiel und Initiative der Kinder werden dadurch erheblich beeinträchtigt),
- Liebesentzug (weil die Bezugspersonen dem Kind überhaupt nicht oder viel zu selten zur Verfügung stehen),
- Eßzwang («alles aufessen», ruhig am Tisch sitzen, solange die anderen essen),
- verfrühte Sauberkeitserziehung, falsche Sauberkeitserziehung und fehlender Körperkontakt.

So lernt Ihr Kind
soziales Verhalten

Ab 1;0 Jahren

*** Nehmen Sie Ihr Kind zwei- bis dreimal pro Woche zum Einkaufen mit. Es gibt immer wieder etwas Neues zu sehen, zu hören oder auch zu riechen. Man begegnet fremden Menschen, und das ermöglicht, das Verhalten zwischen diesen zu beobachten und davon zu lernen. Suchen Sie bewußt Situationen auf, in denen Ihr Kind wichtige Erfahrungen machen kann:
– Wie man freundlich begrüßt, wie man verabschiedet wird,
– wie man Verkäufer nach bestimmten Waren fragt, wie man sich zu anderen Menschen verhält und wie diese wiederum auf das eigene Verhalten reagieren (wenn Sie jemanden freundlich ansprechen, wird dieser im allgemeinen entsprechend antworten).

Ab 1;4 Jahren

** Beziehen Sie Ihr Kind möglichst oft in Gespräche mit anderen Erwachsenen ein, und reden Sie dabei über Inhalte, die es erfassen kann. So nimmt es stärker an der Situation teil. Es erlebt sie als lustvoll und fühlt sich nicht vernachlässigt oder gar abgeschoben. Gleichzeitig lernt es, wie sich im Gespräch die «Redner» abwechseln. Auch wenn es nicht jeden Satz genau versteht, hat es von diesem Zuhören einen großen Gewinn. Heben Sie es dabei hoch, oder setzen Sie es auf Ihren Schoß, damit es sich in der gleichen Höhe wie Sie und Ihr Gesprächspartner befindet.

Ab 1;7 Jahren

*** Die Entwicklung sozialer Verhaltensweisen schließt das Kennenlernen wichtiger Ereignisse und Gebräuche mit ein. Jetzt können Sie mit ihm auf den Gemüsemarkt gehen, auf den Jahrmarkt, Musikapellen zuschauen, Prozessionen, Fasching, Feuerwerk bestaunen. So lernt es früh die Variationsbreite des menschlichen Verhaltens kennen. Bleiben Sie aber nur so lange, wie Sie Ihr Kind dafür begeistern können.

** Wenn Sie zu Hause Besuch erwarten, bedenken Sie bitte folgendes:
– Ihr Kind wird sich nach kurzer Zeit langweilen, weil es von der Erwachsenen-Unterhaltung zu-

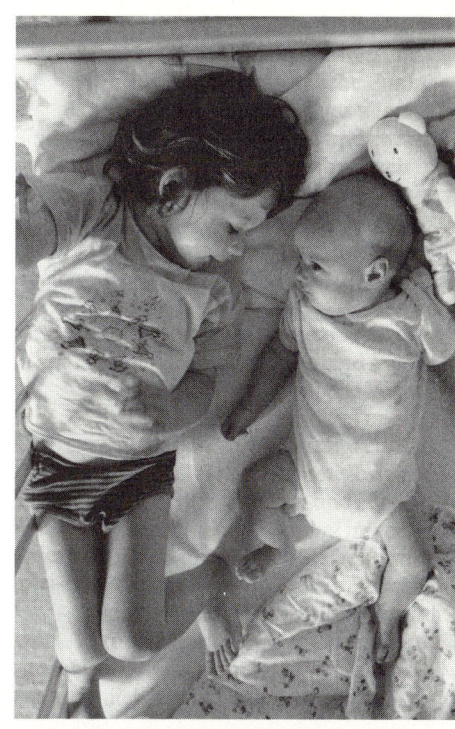

Soziales Verhalten lernt Ihr Kind am besten mit anderen Menschen.

wenig mitbekommt. Es zeigt seinen Protest und «stört» damit die Erwachsenen. Legen Sie den Besuch also möglichst oft auf den Abend, wenn Ihr Kind bereits schläft.

– Wenn das nicht möglich ist, geben Sie ihm genug Spielzeug, und beschäftigen Sie sich immer mal wieder ein paar Minuten mit ihm, und versuchen Sie, den Besucher miteinzubeziehen. Ihr Gast hat sicher dafür Verständnis, auf jeden Fall kann er die «Vernachlässigung» leichter verarbeiten als Ihr Kind.

– Drängen Sie Ihr Kind Ihrem Besucher nicht auf. Wenn Sie befürchten müssen, daß es von jemandem enttäuscht wird, sollten Sie es von dieser Person fernhalten.

Ab 1;10 Jahren

* Ziehen Sie Ihr Kind gelegentlich nett an. Es erlebt dann, daß manche Erwachsene ihm besonders freundlich zulachen oder mit ihm Kontakt aufnehmen wollen, daß die äußere Erscheinung ein Weg sein kann, andere Menschen positiv auf sich aufmerksam zu machen – und das wiederum trägt zum positiven Selbstbild Ihres Kindes bei.

** Etwa ab eineinhalb Jahren können Sie Ihr Kind schon etwas länger mit einem oder zwei anderen Kindern spielen lassen.

Bleiben Sie aber als unparteiischer Schiedsrichter ein wenig in der Nähe, sonst setzt sich das «stärkere» Kind immer durch, und das «schwächere» wird in seinen sozialen Erfahrungen enttäuscht.

** Im Urlaub haben Sie im allgemeinen besonders gute Möglichkeiten, mit Ihrem Kind in aller Ruhe umzugehen, auf andere Menschen zuzugehen und auch dem Zusammenspielen mit anderen Kindern gelassen zuzusehen. Nutzen Sie die Gelegenheit, Ihrem Kind die andere Gegend, die anderen Orte und vor allem die anderen Menschen zu zeigen. Machen Sie Ihr Kind auf einige deutliche Unterschiede aufmerksam, andere Einkaufskörbe, andere Kinderwagen, andere Kleidung usw.

Ihr Kind erhält damit erste Eindrücke von einer anderen Gesellschaft und Kultur, und Sie können diese Andersartigkeit positiv darstellen. Sie legen damit einen Grundstein für seine Aufgeschlossenheit gegenüber Menschen anderer Kulturkreise, und das ist in den nächsten Jahrzehnten für Ihr Kind besonders wichtig.

Abgesehen davon gibt es sicher auch in Ihrer Wohnumgebung die Möglichkeit, Gespräche mit Ausländern aus den verschiedensten Ländern aufzunehmen – schon kurze Kontakte zeigen Ihrem Kind, wie Sie zu diesen Menschen stehen.

KRANKHEITEN

So erleichtern Sie das Kranksein

Im Krankenzimmer

Es ist keine leichte Aufgabe, ein krankes Kind in diesem Alter zu betreuen. Denn es versteht ja noch nicht, warum es plötzlich im Bett bleiben soll, warum ein Arzt in die Wohnung kommt und es untersucht, warum es Schmerzen hat und sich so schlecht fühlt.

Daher sollte alles seinen gewohnten Gang weitergehen, soweit das möglich ist. Nehmen Sie das Kind nicht aus Gründen übertriebener Hygiene aus seiner gewohnten Umgebung heraus. Lassen Sie es in seinem Bett im Kinderzimmer. Sollte es dort zu weit entfernt sein, schieben Sie das Bett ins Wohnzimmer. So kann es sich weiter persönlich «sicher» fühlen und erlebt die Krankheit nicht als etwas Bedrohliches.

Wichtig ist, daß Ihr Kind genug Sauerstoff bekommt. Aber Zugluft müssen Sie vermeiden. Die Zimmertemperatur sollte – besonders bei Fieber- und Erkältungskrankheiten – nicht über 20 Grad liegen.

Außerordentlich wichtig ist die Sauberkeit im Krankenzimmer.

Wischen Sie es möglichst jeden Tag feucht. Es sollte keinesfalls gefegt werden, da der aufwirbelnde Staub viele Bakterien enthält. Wechseln Sie täglich den Schlafanzug. Auch das Bett sollte bei Fiebererkrankungen möglichst täglich frisch bezogen werden.

Lassen Sie niemals Medikamente im Zimmer herumliegen. Ihr Kind könnte leicht auf die Idee kommen, damit zu spielen und große Mengen zu verschlucken.

Verhalten der Bezugsperson

Natürlich sind Sie besorgt, wenn Ihr Kind krank ist. Aber lassen Sie das Kind dies möglichst nicht spüren. Strahlen Sie Ruhe und Zuversicht aus, damit es nicht unsicher und ängstlich wird. Alle Vorkehrungen sollten unauffällig getroffen werden, ohne Hektik und Aufregung. Kranke Kinder verlangen häufig sehr stark nach der Nähe der Mutter oder des Vaters. Lassen Sie Ihr Kind durch die geöffnete Tür miterleben, was Sie tun. Vielleicht können Sie auch einen Teil Ihrer Arbeit an seinem Bett verrichten.

Nehmen Sie sich Zeit, ihm etwas zu erzählen, mit ihm Bilderbücher anzuschauen und ihm Spiele zu erklären. So wird es sich nicht ausgeschlossen, sondern geborgen fühlen. Um Langeweile zu vermeiden, können Sie Ihrem Kind ruhig Spielsachen ins Bett geben. Basteln Sie ihm einen kleinen Bett-Tisch, an dem es sitzend seine Spielsachen aufbauen kann. Eine kleine Abwechslung können Sie auch mit Musik- oder Märchenplatten bieten.

Doch selbst wenn Sie sich alle Mühe geben, Ihrem Kind die Langeweile im Bett zu vertreiben, kommt wahrscheinlich der Augenblick, in dem es unbedingt aufstehen will. Lassen Sie das für eine kurze Zeit zu. Immer mehr Ärzte sind jetzt der Meinung, daß bei nicht allzu schwerer Krankheit eine erzwungene Bettruhe und Passivität dem Kind seelisch mehr schadet als körperlich nützt.

Nach einer Weile wird es sich gern wieder hinlegen. Große Aufregungen (den Besuch anderer Kinder, das Toben der Geschwister) sollten Sie bis zur völligen Genesung möglichst verhindern.

Arztbesuch und Krankenhaus

Bereiten Sie Ihr Kind jedesmal auf den Arztbesuch vor. Erklären Sie ihm, daß der Arzt kommen wird, um zu helfen, und erzählen Sie, was er alles tun wird. Bei der Untersuchung bleiben Sie im Zimmer, damit Ihr Kind nicht plötzlich mit einer ihm fremden Person allein sein muß und Sie es bei ängstlichen Reaktionen beruhigen und trösten können. Sprechen Sie so mit dem Arzt, daß Ihr Kind fühlt, daß Sie ihn mögen und Vertrauen zu ihm haben. Sie können auch in Anwesenheit des Kindes ganz offen mit dem Arzt über die Art der Krankheit reden. Auch um die Dauer der Bettruhe sollten Sie kein Geheimnis machen. Es wäre falsch, dem Kind etwas zu versprechen («Morgen bist du wieder gesund und darfst aufstehen!»), was in ihm unrealistische Hoffnungen erweckt.

Stimmen Sie einer Einlieferung ins Krankenhaus zur Beobachtung, Untersuchung oder Behandlung nur zu, wenn es unbedingt notwendig ist. Denn selbst bei sorgfältigster Vorbereitung wird dies einen Schock für Ihr Kind bedeuten. Vielleicht erlebt es die Trennung von Ihnen gar als Strafe. Die seelischen Auswirkungen sind dann oft noch schwerer zu heilen als die körperliche Erkrankung. Manche Kliniken geben daher den Müttern Gelegenheit, die Zeit im Krankenhaus mit ihrem Kind zu verbringen. Das sollten Sie unbedingt tun, wenn Sie sich das zeitlich und finanziell erlauben können.

Keine Angst vor Verwöhnung

Kranke Kinder sind meist zärtlichkeitsbedürftiger, sie wollen die

Mutter am liebsten ständig bei sich haben. Sicher möchten Sie alles tun, um Ihrem Kind seine Situation zu erleichtern. Sie werden ihm die Gerichte und Getränke geben, die es besonders gern mag. Sie werden ihm noch mehr Zeit als sonst widmen, mit ihm spielen und geduldig seine Extrawünsche erfüllen. Auch auf die gesteigerte Empfindlichkeit und Launenhaftigkeit nehmen Sie Rücksicht. Das ist auch völlig richtig. Gerade in diesem Alter wird eine Krankheit ja noch viel intensiver erlebt, da das Kind nichts über ihre Ursache und ihren Verlauf weiß. Ihre Liebe und große Zuwendung sind somit ein kleiner Ausgleich für die Behinderung durch die Krankheit. Sobald es sich wieder besser fühlt, möchte es, auch wenn Sie es ein wenig verwöhnt haben, gewiß von selbst wieder aktiv sein.

Eine Gefahr besteht nur dann, wenn Sie den «Normalisierungsprozeß» zu lange hinauszögern: Ihr Kind kann leicht die Neigung entwickeln, Wehleidigkeit und Schwäche als Druckmittel einzusetzen.

Wichtige Symptome beim kranken Kind

Das folgende, größere Kapitel behandelt das Thema Krankheitssymptome und Kinderkrankheiten. Denken Sie daran, daß diese Informationen nicht einen Arzt ersetzen wollen (sie könnten das auch bei aller Ausführlichkeit nicht). Es handelt sich vielmehr um Anhaltspunkte, die Sie aufmerksamer machen, den Gesundheitszustand Ihres Kindes ständig gut zu beobachten. Wenn Ihnen bei Ihrem Kind irgend etwas auffällt, was Ihnen unerklärlich ist oder auf eine Krankheit hindeutet, sollten Sie in aller Regel einen Arzt konsultieren, um Komplikationen zu vermeiden, die sich bei zu langem Warten einstellen können.

Fieber

♦ Ursache: Fieber kann ein Zeichen für vielerlei Störungen im Organismus sein und tritt dementsprechend häufig auf. Von Fieber spricht man, wenn die Körpertemperatur auf über 37,5 Grad ansteigt. Das zuverlässigste Ergebnis erhalten Sie, wenn Sie die Temperatur bei etwa 18 bis 20 Grad Zimmerwärme rektal, also im After, messen.

Das Fieber selbst ist keine Krankheit, sondern eine Abwehrreaktion des Körpers. Es entsteht nach Infektion mit Bakterien oder Viren. Das Fieber gehört schon zum Heilungsprozeß, da es den Wärmestau ableitet, der infolge der Fehlregulation entstanden ist. Das Alter Ihres Kindes spielt dabei keine Rolle. Nur frühgeborene oder durch lange Krankheit stark geschwächte Kinder sind zu einer derartigen Abwehrreaktion des Körpers nicht mehr fähig. Beim Fieber wird der gesamte Organismus erheblich geschwächt, da der Stoffwechsel stark beschleunigt ist.

♦ Symptome: Bemerken Sie, daß Ihr Kind ohne sonst erkennbaren Grund stark schwitzt oder übermäßig gerötete Wangen hat und schneller als sonst atmet, so sind das in der Regel Anzeichen für erhöhte Temperatur. Damit verbunden sind beschleunigte Herztätigkeit und Pulsschlagfolge. Nicht selten kommt bei hohem Fieber Kopfweh hinzu. Bei Fieber von 40 Grad und mehr werden die Kinder von einer allgemeinen Unruhe befallen, haben manchmal Wahnvorstellungen und schreien oder weinen viel. Hält das Fieber über mehrere Tage an, wird es kaum noch Appetit haben. Es kommt zu Stuhlverstopfungen, weil die Stühle durch den Wasserentzug bei starkem Schwitzen hart werden. Bei sehr hohem Fieber bekommen manche Kinder Krämpfe oder verfallen in sehr seltenen Fällen sogar in länger andauernde Bewußtseinstrübung.

♦ Behandlung: Das Fieber steigt manchmal sehr rasch. Auf jeden Fall sollten Sie sofort einen Arzt benachrichtigen, auch nachts oder sonntags, wenn Sie bei Ihrem Kind Temperaturen über 39 Grad messen. Niedrigeres Fieber, das über 48 Stunden anhält, ist ebenso ein Fall für den Arzt. Man wird Ihr Kind gründlich untersuchen und eine Behandlung einleiten. Sie selbst helfen Ihrem Kind, wenn Sie ihm viel zu trinken geben, um die fehlende Flüssigkeit wieder zu ersetzen. Es ist nicht ungewöhnlich, wenn Ihr Kind jetzt wenig ißt. Bieten Sie ihm statt der üblichen Kost lieber saftiges, frisches Obst, gehaltvolle Suppen und dergleichen an. Das Essen darf leicht gesalzen sein, da der kleine Körper mit dem Schweiß Natrium, Kalium, Kalzium, Phosphor und andere wichtige Mineralien verliert. Bettruhe ist möglichst immer einzuhalten. Ab 38,5 Grad Fieber helfen Sie Ihrem Kind sehr mit einem alten Hausmittel, mit Wadenwickeln. Dazu nehmen Sie Windelstreifen oder etwas Ähnliches, machen sie mit kaltem Wasser gut naß (nicht triefend) und wickeln sie dem Kind etwa so fest wie einen normalen Verband um die Waden. Diese Prozedur wiederholen Sie etwa alle dreißig Minuten. Das ist für Sie und Ihren kleinen Patienten eine etwas mühsame, aber erfolgversprechende Behandlung. In vielen Fällen können Sie schon damit die Temperatur wieder herunterdrücken.

Schnupfen

♦ Ursache: Eine Entzündung der Nasenschleimhaut führt zum Schnupfen. Erreger sind Viren, zum Teil auch Bakterien, die meistens durch die sogenannte Tröpfcheninfektion (Ansteckung durch keimhaltige, kleinste Tropfen beim Husten oder Niesen) übertragen werden. Deswegen niest oft bald die ganze Familie, wenn ein Familienmitglied Schnupfen hat. Die Ansteckungskraft der Erreger genügt aber nicht immer, um gleich eine Krankheit auszulösen. Sie setzen sich auf der Schleimhaut des Nasen-Rachen-Raums fest, und es genügt oft Zugluft, eine Unterkühlung, Durchnässung oder Temperaturschwankung – vor allem in der Übergangszeit –, und schon niest Ihr Kind. Allerdings bedeutet nicht jedes Niesen gleich Schnupfen. Säuglinge säubern auf diese Weise auch die Nase von Staub usw.

♦ Symptome: Beginnt bei Ihrem Kind ein Schnupfen, so zeigt sich das an einer Rötung und Schwellung der Nasenschleimhaut. Die Nase sondert dann dünnflüssigen, glasklaren Schleim ab. Kommen zu den Viren auch noch Bakterien, wird der Schleim etwas zäher, grüngelb und eitrig.

♦ Behandlung: Kleinkindern säubern Sie die Nase mehrmals täglich, am besten mit Wattestäbchen. Ältere Kinder, die sich schon selbst die Nase putzen, sollten nur Wegwerftaschentücher aus Zellstoff benutzen, um eine immer neue Eigenansteckung zu verhindern. In der Apotheke bekommen Sie die vom Arzt verordneten Nasentropfen oder Nasensalben, die Sie genau nach Angabe Ihrem Kind verabreichen. Bekommt das Kind zusätzlich zum Schnupfen über 38 Grad Fieber und/oder wird der austretende Schleim eitrig, sollten Sie auf jeden Fall einen Arzt hinzuziehen.

♦ Verlauf und Komplikationen: Im Normalfall ist die Krankheit nicht beängstigend und meist nach ein paar Tagen schon wieder abgeklungen.
Ein Schnupfen kann sich jedoch auch zu einer Entzündung der Nasennebenhöhlen, das heißt der Kiefer- und Stirnhöhlen (vom Kleinkindalter an), ausweiten. Charakteristisch für Nasennebenhöhlen-Entzündungen ist ein andauernder, dumpfer Kopfschmerz.
Mindestens genauso schmerzhaft ist eine Mittelohrentzündung, die

bei Kindern besonders leicht als Folge einer Erkältung entsteht.
Wenn es sich um einen eitrigen Schnupfen handelt, läuft eitriger Schleim die hintere Rachenwand hinunter in die Luftröhre und in die Bronchien. Dann besteht die Gefahr, daß sich eine Bronchitis entwickelt.

Sobald Sie also bemerken, daß Ihr Kind unter der Erkältung sehr leidet, sollten Sie es unbedingt von einem Arzt untersuchen und behandeln lassen.

Husten(-arten)

♦ Ursache und Symptome: Im Winter ist die Infektionsbereitschaft größer als in der übrigen Jahreszeit. Da kann Ihr Kind als Folge einer Unterkühlung leicht einen Husten bekommen. Verursacht wird er fast immer durch eine Entzündung der Nasenschleimhaut, des Kehlkopfs oder der Luftröhre.
Bei geeigneter Behandlung klingt der Hustenreiz nach ein paar Tagen wieder ab.
Steigt die Infektion tiefer, kann auch das Lungengewebe in Mitleidenschaft gezogen werden, und das Kind erkrankt an Lungenentzündung. Dabei hat es hohes Fieber und kann nur schwer atmen. Das Kind bewegt die Nasenflügel, um leichter Luft zu bekommen. Der kleine Körper wird dabei häufig von quälenden Hustenanfällen geschüttelt. Lungenentzündung

bedeutet eine sehr ernsthafte Bedrohung für das Kind: Die lebenswichtigen Organe erhalten dann nicht genügend Sauerstoff.

Ein Bronchialasthma ist daran zu erkennen, daß das Kind beim Ausatmen etwas keucht und ein feines Giemen hören läßt – ebenfalls ein Grund, umgehend den Arzt aufzusuchen.

Sehr gefährlich ist der Pseudokrupp, ein Husten, verbunden mit Erstickungsgefahr. Man erkennt ihn leicht am trockenen, tonlosen Klang, der deutlich sichtbaren Atemnot und am Einziehen des Brustkorbs, eventuell an Blausucht (die Haut, besonders die Lippen, verfärben sich bläulich). Bei diesen Krankheitssymptomen müssen Sie Ihr Kind so schnell wie möglich in eine Klinik zur Behandlung bringen.

Oft hustet Ihr Kind auch, weil ihm ein Fremdkörper in die oberen Luftwege oder in die Bronchien geraten ist. Dabei kommt es zu einem plötzlichen Hustenanfall, der erst dann vorüber ist, wenn der Zwiebackkrümel, die Erdnuß oder was sonst die Störung verursachte, wieder in die Mundhöhle heraufgehustet wurde. Ist der Fremdkörper nicht mehr «herauszuhusten», besteht Erstickungsgefahr. Suchen Sie dann so schnell wie möglich einen Arzt oder eine Klinik auf, oder, falls beides unmöglich ist (auf der Reise, im Flugzeug), halten Sie das Kind mit Kopf und Oberkörper nach unten, und klopfen Sie kräftig den ganzen Rücken ab.

♦ Behandlung: Handelt es sich um einen leichten Husten, werden die Symptome schon bald schwächer, wenn Sie Ihrem Kind einen vom Arzt verordneten Hustensaft geben. Zusätzlich empfiehlt es sich, den Oberkörper mit einem Hustenbalsam einzureiben und während der lästigen Anfälle den Rücken leicht von unten nach oben abzuklopfen.

Die Behandlung von lang anhaltendem Husten, besonders bei Fieber, müssen Sie unbedingt dem Arzt überlassen. Er kann feststellen, um welche Grundkrankheit es sich handelt.

Längere Behandlung durch den Facharzt benötigt das Bronchialasthma.

Ohrenweh

♦ Ursache: Die Hohlräume des Mittel- und Innenohrs sind mit Schleimhaut ausgekleidet. Bei Schnupfen ist der Verbindungsgang zwischen Ohr und Nase verschwollen und somit die Belüftung des Mittelohrs eingeschränkt. Durch die Entzündung entsteht zusätzliche Wärme, die in dem beengten, nicht durchlüfteten Kanal ein Klima schafft, in dem sich Bakterien sehr schnell vermehren können. Sowohl Säuglinge als auch ältere Kinder sind für Ohrerkrankungen anfällig.

♦ Symptome: Starke Schmerzen – ein kleines Kind greift sich ständig ans Ohr und weint. Stellt man dann noch hohes Fieber fest, ist der Verdacht auf Mittelohrentzündung ziemlich naheliegend.

♦ Behandlung: Bei Mittelohrentzündung ist es notwendig, eine Ärztin hinzuzuziehen. Die Ärztin stellt die Diagnose, verordnet Nasentropfen, die ein Abschwellen der Entzündung im Bereich des Kanals zwischen Nase und Ohr bewirken, und, falls notwendig, weitere Medikamente. Wurde mit der Behandlung nicht rechtzeitig begonnen, muß eventuell das Trommelfell eröffnet werden, damit der Eiter abfließen kann.

Sie selbst können darauf achten, daß Ihr kleiner Patient auf keinen Fall Zugwind abbekommt, und sollten ihm zu Hause eine Mütze aufsetzen. Wärme ist als natürliche Therapie bei derlei Erkrankungen wichtig.

♦ Verlauf und Komplikationen: Beim einfachen Verlauf kann die Mittelohrentzündung nach ein bis zwei Tagen abgeklungen und nach einer Woche vollständig abgeheilt sein. Wird nicht rechtzeitig behandelt, sucht sich der Eiter einen Weg, und es kann zum Durchbruch des Trommelfells kommen oder, noch gefährlicher, der Eiter gelangt in die Hohlräume des Warzenfortsatzes und kann von hier nach außen oder in Richtung Hirnhaut–Gehirn durchbrechen.

Diese gefährlichen Komplikationen müssen dann operativ behandelt werden. Mehrfache, schwere und unbehandelte Mittelohrentzündungen können zu Schwerhörigkeit führen (deshalb unbedingt eine Ärztin hinzuziehen).

Es geschieht häufig, daß Kinder, die ihren Körper «erforschen», sich im Spiel Fremdkörper in den äußeren Gehörgang stecken. Ein Bleistiftstummel, ein Radiergummi oder auch Papierkügelchen können dann erhebliche Schmerzen oder sogar eine eitrige Entzündung auslösen, wenn sie nicht von einer Ärztin wieder aus dem Gehörgang entfernt werden.

Kopfschmerzen

♦ Ursache: Plötzliche Kopfschmerzen bei Ihrem Kind können verschiedene Ursachen haben. Ein Sturz auf den Kopf kann den Schmerz auslösen, Kreislaufunregelmäßigkeiten oder eine allgemeine Schwäche können ebenso beteiligt sein. Auch Infektionskrankheiten, wie z. B. Entzündungen der Nasennebenhöhlen oder eine Hirnhautentzündung, können wegen des Krankheitsherdes in der Kopfregion akute Kopfschmerzen bewirken, auch Fieber und Hitzschlag. Die nächstliegenden Gründe für chronische Kopfschmerzen sind Vereiterung der Nasennebenhöhlen (Kieferhöhlen und Stirnhöhlen), Kreislauflabilität (z. B. große Schwankungen des Blutdrucks), Wetterfühligkeit und Verdauungsstörungen, z. B.

chronische Verstopfung. Auch noch nicht festgestellte Sehfehler können Kopfschmerzen verursachen. Die Ärztin muß bei chronischen Kopfschmerzen unbedingt hinzugezogen werden, damit eine ernstere Erkrankung, wie z. B. Gehirndruck, ausgeschlossen werden kann. Bei vielen Kindern, die an chronischen Kopfschmerzen leiden, liegen auch seelische Gründe vor.

♦ Symptome: Das Kind ist, wenn es Kopfschmerzen hat, gereizt und unkonzentriert, bei Sonnenlicht oder greller künstlicher Beleuchtung schmerzen auch die Augen.

Je nach Ursache können die Schmerzen zunehmen, oft halbseitig oder bandförmig sein oder nur an bestimmten Regionen des Kopfes auftreten. Manchmal kommt es zu Erbrechen und Benommenheit.

♦ Behandlung: Die Eltern sollten das Kind in jedem Fall in einem ruhigen, leicht abgedunkelten Raum flach hinlegen und bei anhaltendem Schmerz eine Ärztin verständigen.

Der Verlauf und die Behandlung richten sich nach der Ursache der Schmerzen. Medikamente können nur momentanen Schmerz, nicht aber die Schmerzursache beseitigen.

Augenringe und Blässe

♦ Symptome und Ursache: Wenn Kinder Ringe unter den Augen haben und auch sonst schlecht aussehen, schließt man leicht auf eine Magen-Darm-Erkrankung oder eine Ernährungsstörung. Das können zwar, müssen aber nicht die Ursachen sein. Schlechter Schlaf, innere Erkrankungen, Blutarmut (Anämie) und Wurmerkrankungen sind viel häufiger die Gründe, aber auch die genetische Anlage spielt eine Rolle (Vererbung).

Das schlechte Aussehen ist meistens mit allgemeiner Mattigkeit und Abgeschlagenheit, oft auch mit Appetitlosigkeit verbunden.

♦ Behandlung: Gönnen Sie Ihrem Kind Ruhe, und lassen Sie es schlafen, soviel es will. Bessert sich dann der Zustand nach einigen Tagen nicht, verständigen Sie einen Arzt.

Schwächezustände (Kreislauf)

♦ Ursache: Schwächezustände bei Kindern aller Altersstufen haben ihre Ursachen meist in Störungen des Kreislaufs oder in einem Herzfehler.

♦ Symptome: Auffällig sind bei diesen Zuständen feucht-kalte Hände und Füße, kalter Schweiß am ganzen Körper, ein blasses Mund-Dreieck und Benommenheit. Weitere Anzeichen sind Schwindel, Herzklopfen, Augenverdrehen und blasse, schließlich bläuliche Färbung am ganzen Körper, zum Teil Übelkeit und Erbrechen.

♦ Behandlung: Legen Sie das Kind

hin, sorgen Sie für frische Luft, legen Sie eventuell eine kalte Kompresse auf seine Stirn, beruhigen Sie das Kind, und suchen Sie sofort einen Arzt auf.

Schwindelanfälle

♦ Ursache: Schwindelanfälle lassen sich erst im Kleinkindalter feststellen, wenn das Kind schon stehen oder sich schon sprachlich äußern kann. Die Ursachen für einen Schwindelanfall sind entweder Kreislaufstörungen oder Erkrankungen, die auf das Gleichgewichtsorgan im Ohr einwirken. So kann z. B. eine komplizierte Mittelohrvereiterung durchaus das Gleichgewichtsorgan beeinträchtigen und ein Schwindelgefühl auslösen.

♦ Symptome: Gleichgewichtsstörungen erkennt man daran, daß Kinder, die schon sicher stehen und geradeaus gehen können, aus keinem anderen erkennbaren, äußeren Grund sich nur sehr unsicher aufrecht halten oder sogar hinfallen.

♦ Behandlung: Bei Schwindelanfällen sollten Sie stets einen Arzt zu Rate ziehen.

Bewußtlosigkeit

♦ Ursache: Bewußtlosigkeit ohne klar erkennbare Ursache ist bei einem Kind immer ein Alarmzeichen. Mögliche Ursachen sind:

– Kreislaufversagen,
– Schwächung des Kindes,
– schwerwiegende Allgemeinerkrankung (schwere Nierenerkrankung, Lebererkrankung oder entgleiste Zuckerkrankheit),
– epileptiformer Krampfanfall (epilepsieähnlicher Anfall),
– Sturz, eventuell innere Kopfverletzung,
– Vergiftung.

♦ Symptome: Das Kind ist nicht ansprechbar, atmet langsamer und tiefer als normalerweise, und die Pupillen werden träge.

♦ Behandlung: Es muß umgehend ein Arzt verständigt werden. Lagern Sie den Kopf des Kindes seitwärts, damit eventuell Erbrochenes dem Kind nicht die Atemwege versperrt (Erstickungsgefahr). Befindet sich schon Erbrochenes im Nasen-Rachen-Raum, muß es sofort entfernt werden.

Akute Bauchschmerzen

♦ Ursache: Bauchschmerzen, die hin und wieder in jedem Alter Ihres Kindes auftreten, sind noch kein Krankheitszeichen. Als harmloseste Ursache, die allen Eltern bekannt sein dürfte, gelten leichte Ernährungsfehler, z. B. zuviel Süßigkeiten und daraus entstehende Blähungen. Ernstere Ursachen sind Erkrankungen im

Magen-Darm-Trakt, eine akute Vergiftung, Wurmkrankheiten, fieberhafte Durchfälle (schleimig-wässerige Stühle), Koliken (Nieren- und Gallensteine), Blinddarmentzündung und Bauchfellentzündung. Auch eine Harnwegsinfektion und sogar eine Lungenentzündung können die Ursache für Bauchschmerzen sein.

♦ Symptome: Je nach Sitz der Erkrankung empfindet das Kind Druckschmerz und reagiert berührungsempfindlich. Manchmal ist der Bauch aufgebläht und die Bauchdecke gespannt. Aber auch Erbrechen, Durchfall und Verstopfung können Anzeichen sein.

♦ Behandlung: Können Sie aus den Angaben Ihres Kindes entnehmen, daß die Schmerzen eine harmlose Ursache haben, genügt es meist, eine Mahlzeit ausfallen zu lassen und etwas Kamillen- oder Fencheltee anzubieten. Ruhiges Liegen unterstützt diese Therapie.

Kommt es aber zu Erbrechen, Fieber und einer allgemeinen Mattigkeit, sollten Sie es ins Bett legen und ihm keine Nahrung mehr geben, bis Sie einen Arzt verständigt haben, der Ihnen weitere Ratschläge gibt.

In einigen Fällen, z. B. bei akuter Blinddarmentzündung, muß schnellstens operiert werden.

Durchfall

♦ Ursache und Vorkommen: Beim Kleinkind treten Durchfälle seltener auf als beim Säugling. Meistens wird die Störung durch eine Infektion des Darms mit bakteriellen und viralen Erregern ausgelöst. Auch aufgrund von Infektionen wie Lungen- oder Mittelohrentzündung, Grippe, Nasen- und Racheninfekten können Durchfälle entstehen. Manchmal verträgt das Kind aber auch gewisse Medikamente nicht, die es wegen einer anderen Erkrankung einnehmen muß. Besonders nach der Einnahme von Antibiotika kann es durch Veränderung der Darmflora zum Durchfall kommen. Auch Überfütterung und ungewaschenes Obst können Durchfall herbeiführen.

♦ Symptome: Die Krankheit beginnt meist mit Appetitlosigkeit, Verweigerung der Nahrung, Unruhe und Stuhldrang. Die Stühle werden dünnbreiig bis wässerig, spritzend und stinkend. Es kann auch Schleim oder Blut beigemengt sein. Es können mehr als zehn Stuhlentleerungen am Tag erfolgen. Das kranke Kind verliert viel Flüssigkeit, was man an den eingesunkenen Augen, Hautfalten und der ausgetrockneten Zunge erkennt. Fieber kann auftreten, ist aber kein typisches Zeichen. Dagegen sind Durchfälle immer von kolikartigen Bauchschmerzen begleitet.

♦ Behandlung: Bei drei- bis fünfmaligem Durchfall innerhalb eines Tages oder länger andauernden Beschwerden sollten Sie eine Ärztin zu Rate ziehen (hoher Flüssigkeitsverlust!), die die Diät gegebenenfalls durch Medikamente unterstützt. Damit die Ursache der Störung rasch festgestellt werden kann, heben Sie den Stuhl auf, um ihn der Ärztin zu zeigen.

Bei älteren Kindern und nicht zu schwerer Erkrankung lassen Sie am ersten Tag jede Nahrung weg und geben dem Kind nur reichlich Tee (wegen der vermehrten, wässerigen Stühle soll das Kind viel trinken, weil der hohe Wasserverlust ausgeglichen werden muß).

Am zweiten Tag gibt es Tee, Zwieback, Salzkartoffeln, Bananen, Äpfel oder Reis- bzw. Haferschleim, der in Wasser mit etwas Salz gekocht wird.

Am dritten Tag darf das Kind schon etwas Magerquark mit Zucker und Bananen bekommen, und am vierten Tag wird die Kost durch Nudeln und Grießbrei mit etwas magerem Fleisch erweitert.

Einige Hersteller bieten eine Diät-Fertignahrung an, die Ihnen einen großen Teil der Arbeit abnimmt und Ihrem Kind bestimmt gut schmeckt.

Erbrechen

♦ Ursache: Häufig findet sich Erbrechen als Krankheitsanzeichen bei

– Erkrankungen des Magen-Darm-Trakts (fieberhafter Brechdurchfall durch virale oder bakterielle Infektion des Verdauungsapparats, Blinddarmentzündung),
– Ernährungsfehlern (Überangebot von Obst und Süßigkeiten, Alkohol),
– Gehirnhautreizung, Gehirnhautentzündung, Gehirnerschütterung durch Sturz,
– Hitzschlag,
– Kreislauflabilität,
– psychischem Stress (unruhiges Milieu, abgelehnte Erwachsene im Umfeld des Kindes).

♦ Symptome: Die Kinder werden von Übelkeit und Schwindelgefühl befallen und erbrechen unter Würgen unverdaute Nahrung. Durch häufiges Erbrechen nimmt das Kind stark ab und verliert viel Wasser und lebenswichtige Salze.

♦ Behandlung: Der Arzt muß bei häufigem Erbrechen (und zusätzlichen Symptomen) die Ursache feststellen und eine entsprechende Therapie einleiten. Sie bieten inzwischen dem Kind schluckweise Tee oder Coca-Cola an (Kohlensäure vorher herausquirlen!). Schonkost, verminderte Nahrungsmengen und vermehrte Flüssigkeitszufuhr sind geeignete Mittel, wenn das Erbrechen seine Ursache in einer harmlosen Ernährungsstörung hat.

Koliken und Blähungen

◆ Ursache: Beim Kleinkind entstehen Blähungen durch Verschlucken der Luft oder durch blähende Speisen (Mehlspeisen, Erbsen, Linsen, Bohnen, Gurken, Süßigkeiten). Der vermehrte Gasgehalt dehnt und reizt den Darm, der dann Schmerzen verursacht. Heftige Koliken verursachen Nieren- oder Gallensteine, die allerdings bei Kindern höchst selten vorkommen.

◆ Symptome: Koliken verursachen ungewöhnlich starke, krampfartige Schmerzen, die oft wellenförmig verlaufen und sogar die Atmung beeinträchtigen können. Der Schmerz bei einer einfachen Blähung wird ähnlich empfunden, wenn auch nicht so stark.

◆ Behandlung: Feuchtwarme Bauchwickel sind ein bewährtes Mittel, den Darm zu entkrampfen und somit die Schmerzursache zu beseitigen. Achten Sie darauf, daß das Kind nicht mehr so hastig Nahrung aufnimmt. Bei länger anhaltenden oder heftigen Beschwerden oder zusätzlichen Symptomen wie Erbrechen, Fieber, Mattigkeit müssen Sie eine Ärztin verständigen.

Chronische Bauchschmerzen

◆ Ursache und Symptome: Bei manchen Kindern treten bereits im Kleinkindalter häufige und immer wiederkehrende Bauchschmerzen auf. Die Eltern sind dann oft ratlos, weil keine äußere Krankheitsursache feststellbar ist. In vielen Fällen sind die Schmerzen auf Ernährungsstörungen und die damit verbundenen Verdauungsschwierigkeiten zurückzuführen.

Bauchschmerzen können aber auch durch organische Erkrankungen ausgelöst werden. Dauerschmerz ist selten. Bei nüchternem Zustand tritt der Schmerz brennend auf, wenn die Magenschleimhaut entzündet ist.

◆ Behandlung: Bevor die Eltern einen Arzt verständigen, sollten sie zweckmäßigerweise die Eßgewohnheiten des Kindes beobachten und möglichst etwas Kot und gegebenenfalls Urin zur Untersuchung mitbringen. Der Arzt kann dann leichter eine sichere Diagnose stellen und die erforderliche Behandlung einleiten.

Verstopfung (harte Stühle)

◆ Ursache: Von Verstopfung spricht man bei verzögerter oder mengenmäßig allzu geringer Darmentleerung. Bei Kindern ist die Verstopfung selten organisch bedingt (allenfalls durch Erkrankungen der Bauchspeicheldrüse, Galle, Fehlbildung des Enddarms). Die Ursache ist meistens falsche Ernährung. Ist die Kost schlackenarm, so wird sie im Dünndarm weitgehend verdaut und im Dickdarm zu stark eingedickt. Bei fiebrigen Erkrankungen wird dem Stuhl zuviel Wasser entzogen (Flüssigkeitsverlust durch Schweiß). Auch Bettruhe, Störungen im regelmäßigen Tagesablauf und psychische Belastungen führen bei Kindern häufig zur Unterdrückung des Stuhldrangs und dadurch mit der Zeit zur Verstopfung.

♦ Symptome: Hat das Kind nur alle zwei bis drei Tage Stuhlgang, so ist dies bereits ein Zeichen, das man beachten sollte. Die Stühle sind dann auch trocken und hart und werden in kleinen, kugeligen Portionen als sogenannter Schafskot ausgestoßen. Viele Kinder klagen auch über Blähungen, Völlegefühl, Appetitlosigkeit, Müdigkeit und Kopfschmerzen und empfinden ein unangenehmes Aufstoßen.

♦ Behandlung: Um die Nahrung leichter verdaulich zu machen, sollten die Kinder schlackenreiche Kost und viel frisches Obst und Joghurt bekommen. Schieben Sie eine ärztliche Behandlung nicht zu lange hinaus, da es sonst zu chronischer Verstopfung kommen kann. Die Ärztin wird Sie nach den gegebenen Umständen beraten.

Appetitlosigkeit

♦ Ursache: Tritt bei einem bisher gesunden und gut essenden Kind plötzlich Appetitlosigkeit auf, so ist dies oft ein erstes Symptom einer Erkrankung (Angina, Masern, Keuchhusten, Lebererkrankung u. a.).

Allerdings klagen viele Mütter über die Appetitlosigkeit ihrer Kinder, obwohl diese keineswegs unterernährt aussehen. Häufig überschätzen sie einfach die Nahrungsmengen, die ein Kind braucht. Mit dem ständigen Vorwurf, es esse zuwenig, vermindern Sie in der Regel den Appetit Ihres Kindes zusätzlich.

♦ Symptome: Mattigkeit, Lustlosigkeit beim Essen, Herumstochern auf dem Teller und verminderte Nahrungsaufnahme zeigen Ihnen, daß Ihr Kind keinen Appetit hat.

♦ Behandlung: Geht die Appetitlosigkeit nicht vorüber, muß ein Arzt zu Rate gezogen werden. Im Kapitel über die Ernährung finden Sie Hinweise, wie Sie Ihr Kind durch nett hergerichtete Speisen zum Essen anregen können.

Schlafstörungen

♦ Ursache: Nervöse Kinder schlafen von Natur aus unruhig und sprechen hin und wieder auch im Schlaf. Besorgniserregende Anzeichen sind jedoch wiederholtes, häufiges Aufwachen in der Nacht oder Aufschreien ohne erkennbaren Grund. Schlafstörungen treten in letzter Zeit bei

Kindern aller Altersstufen immer häufiger auf. Folgende Ursachen kann es dafür geben:
- schwer verdauliches Abendessen,
- zu reichliches Abendessen,
- aufregendes Fernsehprogramm (Krimi),
- unruhige Umgebung,
- zu warmes Schlafzimmer,
- spezielle Verhaltensstörungen.

♦ Behandlung: Bessern sich die Schlafstörungen nicht, obwohl die äußeren Umstände nicht ungünstig sind, müssen Sie Ihr Kind einem Arzt vorstellen. Eventuell besteht eine organische Erkrankung. Ist das nicht der Fall, so können vielleicht Verhaltenstherapie oder Heilpädagogik Ihrem Kind helfen.

Häufige Krankheiten im Kindesalter

Angina

♦ Ursache: Angina ist die lateinische Bezeichnung für Mandelentzündung. Die akute Rachen- und Gaumenmandelentzündung (Tonsillitis) ist eine der häufigsten Krankheiten überhaupt. Diese bakterielle oder virale Infektion findet sich in jedem Lebensalter, besonders häufig bei Kleinkindern und Kindern im Schulalter. Oftmals haben die Kinder einen Schnupfen, als dessen Folge sich dann die Rachenmandeln entzünden.

♦ Symptome: Charakteristische Zeichen sind: Anschwellen der Rachenmandeln, Schluckbeschwerden, Mundgeruch; hinzutreten können Fieber, Kopfweh, Gliederschmerzen und Abgeschlagenheit. Die Schwellung können Sie bei Ihrem Kind leicht kontrollieren: Drücken Sie mit einem Löffelstiel bei geöffnetem Mund die Zunge des Kindes etwas nach unten, lassen Sie es «A» sagen, und achten Sie darauf, ob der Rachenring gerötet und geschwollen ist und ob die Mandeln entzündet sind und schmutzig-weiße, stippchenartige Beläge haben.

♦ Behandlung: Fiebersenkende Medikamente, unter Umständen Antibiotika (z. B. Penicillin) und Lösungen zum Gurgeln, die der Arzt verordnet, oder Auspinseln bringen auch eine heftigere Entzündung meist rasch zum Abklingen. Sie selbst können die Behandlung unterstützen und lauwarme Halswickel (mehrmals täglich, gegebenenfalls auch nachts) anlegen. Geben Sie Ihrem Kind weiche, breiige Kost.

♦ Verlauf: Der Verlauf der Entzündung selbst ist im allgemeinen komplikationslos. Nach etwa zehn Tagen kann Ihr Kind wieder vollständig gesund und munter sein.

♦ Komplikationen: Besonders nach nicht ausreichend behandelten Anginen mit B-Streptokokken kommen rheumatische Erkrankungen, Herzmuskel- und Nierenentzündungen vor. Weitere Komplikationen können die eitrige Mittelohrentzündung und ein Abszeß an den Gaumenmandeln sein, der dann eine einseitige Schwellung des weichen Gaumens zur Folge haben kann. Bei wiederholter eitriger und chronischer Mandelentzündung wird manchmal die vollständige operative Herausschälung der Gaumenmandeln erforderlich. Diese Operation ist häufiger als alle anderen und erfordert einen Klinikaufenthalt von etwa einer Woche. Als Trost und Therapie dürfen die Kinder nach der Operation jede Menge Speiseeis essen, solange es den Magen nicht belastet.

Recht häufig ist bei Kindern die Wucherung der Rachenmandeln, die als sogenannte Polypen die Nasenatmung von innen her beeinträchtigen können. Sie werden operativ entfernt.

Das Thema Diphtherie wird hier nicht behandelt, weil fast alle Kinder bereits im Babyalter dagegen geimpft werden. Früher mußte man diese schwerwiegende Erkrankung (primär der Mandeln) sehr ernst nehmen.

Pfeiffer-Drüsenfieber

♦ Ursache: Die Krankheit tritt vor allem bei Jugendlichen auf, seltener bei Kleinkindern. Die weißen Blutkörperchen sind dabei um das Sechs- bis Achtfache vermehrt.

♦ Symptome: Das Drüsenfieber beginnt mit Halsschmerzen, Schluckbeschwerden und Fieber. Die Kinder haben dann ein großes Schlafbedürfnis und fühlen sich abgeschlagen, die Mandeln sind geschwollen und gerötet und zeigen schmierig-eitrige Beläge, die

Sprache wird kloßig. Gleichzeitig schwellen die Lymphknoten im Kieferwinkel, häufig auch im Nacken, in den Achselhöhlen und Leistenbeugen bis zu Walnußgröße an. Auch die Milz, als Hauptorgan des lymphatischen Systems, ist mehr oder weniger stark geschwollen. Bei einigen Patienten kommen manchmal flüchtige Hautausschläge hinzu, die an Masern oder Scharlach erinnern.

♦ Behandlung: Während des Fieberstadiums ist Bettruhe erforderlich. Die Kinder halten sie überraschenderweise gern ein, da das oft Wochen andauernde Fieber eine erhebliche Mattigkeit erzeugt. Ein Arzt, der in jedem Fall aufgesucht werden sollte, wird vor allem ständig das Blutbild beobachten und versuchen, das Fieber zu senken.

♦ Verlauf und Komplikationen: Nach einigen Wochen klingt das Fieber wieder ab, doch können die Blutveränderungen noch eine ganze Zeit über andauern. Im allgemeinen verläuft das Drüsenfieber harmlos, und Komplikationen sind nicht zu erwarten.

Mumps

♦ Ursache: Außer einer Angina gibt es noch einige andere Viruserkrankungen, bei denen Schwellungen im Halsbereich des Kindes auftreten. Der Mumps oder

Ziegenpeter ist eine ansteckende Viruserkrankung, die sich hauptsächlich in der Ohrspeicheldrüse abspielt. Die Ansteckung erfolgt meistens in der kalten Jahreszeit als Schmierinfektion. Schulkinder sind häufiger als Säuglinge oder Kleinkinder befallen. Mit der einmaligen Erkrankung erwirbt das Kind lebenslange Immunität.

♦ Symptome: Die Kinder fühlen sich abgeschlagen, haben kaum Appetit und spielen nicht so lebhaft wie sonst. Auf Mumps zurückzuführen sind diese uncharakteristischen Anzeichen aber erst dann, wenn die entzündete Ohrspeicheldrüse anschwillt. Zuerst ist die eine Seite schmerzhaft geschwollen, und das Fieber steigt auf etwa 40 Grad an, nach ein bis drei Tagen folgt auch eine Schwellung auf der anderen Seite.

♦ Behandlung: Ihr Kind muß das Bett hüten. Mit warmen Umschlägen (über Kinn und Scheitel: «Osterhase») können Sie ihm die Schmerzen lindern. Eine Ärztin ist auf jeden Fall zu Rate zu ziehen, damit weitere Komplikationen möglichst ausgeschlossen bleiben.

♦ Verlauf und Komplikationen: Im allgemeinen verläuft der Mumps harmlos. Die Hirnhäute können aber mit erkranken. Dann erbricht das Kind und klagt über starke Kopfschmerzen und Nackensteifigkeit. Auch die Bauchspeicheldrüse kann durch das Mumpsvirus in Mitleidenschaft gezogen werden. Die Kinder erbrechen dann häufig und haben starke Bauchschmerzen.

Hautausschläge (Exantheme)

♦ Ursache: Hautausschläge treten bei Kindern jeden Alters als Symptom auf. Dabei werden drei Hauptgruppen zugrundeliegender Krankheiten unterschieden:
– Durch eine Virusinfektion entstehen Masern, Windpocken, Drei-Tage-Fieber und Röteln. Bei allen Viruserkrankungen sind Hautausschläge von kurzer Dauer möglich, gehören aber nicht unbedingt zum Krankheitsbild.
– Durch Bakterieninfektion entsteht der Scharlach.
– Allergische Reaktionen der Haut können durch den Genuß bestimmter Speisen bedingt sein. So ist zum Beispiel bei vielen Menschen ein Hautausschlag auf den Genuß von Erdbeeren zurückzuführen. Manchmal wird die Reaktion aber auch durch Chemikalien, Pollen, Gräser, Tierhaare oder Medikamente ausgelöst.

Neben der Beschreibung von Masern, Scharlach, Röteln, Drei-Tage-Fieber, Windpocken und Allergie sind in einer Übersicht alle wichtigen Symptome der Exantheme dargestellt (vgl. S. 189).

Masern

♦ Ursache: In zivilisierten Ländern wird fast jeder Mensch von Masern befallen. Die Übertragung erfolgt durch «fliegende» Infektion beim Husten, Sprechen und Niesen. Vom achten bis zehnten Lebensmonat an sind Kinder dafür empfänglich. Die Erreger (Viren) halten sich von Beginn bis zum Ende der Anstekkungsfähigkeit im Sekret der Schleimhäute des Nasen-Rachen-Raums auf. Außerhalb des menschlichen Körpers sind sie wenig lebensfähig.

♦ Symptome und Verlauf: Am zehnten bis elften Tag nach der Ansteckung beginnt ein Stadium mit Nasen- und Rachenentzündung. Einige Stunden später setzen Augenbindehautentzündung und Bronchialkatarrh ein. Das Fieber steigt auf 39 Grad und hält zwei Tage an. Nun besteht Ansteckungsgefahr bis etwa zum dritten Tag des Ausschlags einschließlich. Das Gesicht ist gedunsen, das Kind scheut Licht, hustet und hat Schnupfen. Am ersten und zweiten Tag dieses Stadiums können Sie feine weiße Flecke auf der Wangenschleimhaut Ihres Kindes entdecken (sie sind typisch für Masern), noch bevor der Ausschlag sichtbar wird. Am dritten und vierten Tag ist das Kind dann fieberfrei, vom fünften Tag an steigt das Fieber auf über 39 Grad, verbunden mit Husten, Schnupfen, Verschwollenheit und Bindehaut-

entzündung. Gleichzeitig erscheint der Ausschlag zunächst hinter den Ohren, dann am Hals und im Gesicht und geht dann auf Rumpf und Gliedmaßen über. Anfangs erscheinen etwas erhabene, rötliche Flecken, die zackig begrenzt sind oder zusammenfließen können. Am zweiten und dritten Tag ist der Ausschlag am stärksten; er hält meist nicht länger als vier bis fünf Tage an, während das Fieber sinkt. Ist die Krankheit einmal überstanden, tritt sie nicht wieder auf.

Behandlung: Rufen Sie in jedem Fall einen Arzt, damit eine eindeutige Diagnose gestellt wird (Sie wissen dann, ob Ihr Kind für sein ganzes Leben gegen Masern immun ist). Masernschutzimpfung schützt vor Ansteckung. Nicht geimpfte Kinder können noch bis zum dritten Tag nach der Ansteckung mit Masern-Hyperimmunglobulin gegen die Erkrankung weitgehend geschützt werden. Der Verlauf ist in der Regel komplikationslos. Der Raum kann abgedunkelt werden. Legen Sie das Kind jedenfalls so, daß es nicht ins grelle Licht blicken muß.

♦ Komplikationen: Durch Masern wird die Abwehrkraft des Körpers herabgesetzt, und deshalb können gleichzeitig ablaufende Infektionskrankheiten, wie z. B. Keuchhusten oder Scharlach, schwerer verlaufen. Am meisten gefürchtet, wenn auch selten ist die primäre Lungenentzündung und eine Gehirnentzündung (Enzephalitis).

Scharlach

♦ Ursache: Scharlach tritt bei Kindern jeglichen Alters auf. Die Erreger sind Bakterien (B-Streptokokken), die Übertragung erfolgt durch Schmierinfektion; eine Schutzimpfung gibt es nicht. Wundscharlach entsteht, wenn Erreger in die Wunden eindringen.

Während des ganzen Verlaufs der Krankheit ist das Kind ansteckungsfähig. Eine Scharlacherkrankung macht nicht immun, eine Neuansteckung ist also jederzeit möglich.

♦ Symptome und Verlauf: Vom zweiten Inkubationstag an – die Inkubationszeit beträgt drei bis vier Tage – erkrankt das Kind plötzlich mit hohem Fieber, Halsschmerzen, Erbrechen und Anschwellen der Lymphknoten. Der Rachen ist hellrot, die Zunge anfänglich stark belegt, das Kind hat eine eitrige Angina. Ein bis drei Tage später zeigt sich zunächst in den Leistenbeugen, der Achselhöhle und dem Gesicht, mit Aussparung des Mund-Dreiecks, der Scharlachausschlag. Es sind hochrote, bis stecknadelkopfgroße, dicht stehende Flecken, die leicht erhaben sind und einen samtartigen Eindruck machen. Bei diesem Symptom spricht man von Milchbart. Die Zunge reinigt sich allmählich und ist dann ebenfalls gerötet. Die Zungenpapillen schwellen an und treten warzenähnlich hervor wie bei der Oberfläche einer Himbeere («Himbeerzunge»). Der Hautausschlag breitet sich allmählich über den ganzen Körper aus. Nach seinem Verschwinden kommt es zu einer Schuppung des ganzen Körpers, besonders der Fußsohlen und Hände.

♦ Behandlung: Die scharlachkranken Kinder sollten sofort isoliert und durch Penicillingaben von den Erregern befreit werden. Bisher gesunde Geschwister scharlachkranker Kinder dürfen die Schule oder den Kindergarten nicht besuchen, bis die Ärztin die Erlaubnis gegeben hat.

Nach Abklingen des Ausschlags fühlt das Kind sich meist völlig wohl und will das Bett verlassen; nach sechstägiger Penicillinbehandlung sollen die Schuppen abgebadet werden, die Isolierung wird aufgehoben.

♦ Komplikationen: Zwei Wochen nach dem Abklingen des Scharlachs kann sich eine Nierenentzündung entwickeln (Blut im Urin, geschwollene Augenlider). Gelegentlich gibt es «das zweite Kranksein»: Das Kind fiebert in der dritten bis fünften Woche wieder, die Halslymphknoten schwellen an, und die Nasennebenhöhlen können sich entzünden.

Röteln

♦ Ursache: Die Empfänglichkeit ist nicht so groß wie bei Masern. Die Übertragung geschieht von Mensch zu Mensch durch Tröpfcheninfektion (Inkubationszeit 17 bis 21 Tage). Der Erreger ist ein Virus. Die Ansteckungsfähigkeit beginnt zwei Tage vor dem Ausschlag und endet nach dessen Verschwinden. Klein- und Schulkinder erkranken relativ häufiger als Säuglinge oder Erwachsene. Nach der Krankheit besteht lebenslange Immunität.

♦ Symptome und Verlauf: Zur Krankheit gehört ein Nasen-Rachen-Katarrh mit leichtem Fieber. Die Lymphknoten in der vorderen und hinteren Halsgegend, speziell im Nacken, sind meist schon stark geschwollen, noch bevor der Ausschlag sichtbar wird. Dieser beginnt im Gesicht, geht innerhalb eines Tages auf den ganzen Körper über und blaßt im Laufe von ein bis zwei Tagen ab. Die Flecken bei Röteln sind kleiner, blasser und nicht so dicht wie bei Masern. Sie können auch an der Mundschleimhaut als kleine rote Flecken auftreten. Mit Beginn des Ausschlags kann das Kind leicht fiebern, hat aber meist kein Krankheitsgefühl. Die Röteln sind im Verlauf harmlos, und es sind keine Komplikationen zu erwarten.

Für schwangere Frauen sind Röteln gefährlich, weil der Embryo in den ersten drei Monaten durch diese Krankheit außerordentlich gefährdet ist (Mißbildungen oder Tod).

♦ Behandlung: Das kranke Kind braucht keine spezielle Behandlung. Der Arzt sollte jedoch zur Diagnose des Hautausschlags zugezogen werden.

*	zweigipflig (zwei Höhepunkte)
**	wäßrig
***	Kopliksche Flecken: punktförmiger, weißlicher, erhabener Belag in der Wangenschleimhaut
****	nur bei Befall der Schleimhäute
*****	alle Formen imitierend (nachahmend)
++	als Symptom immer vorhanden
+	als Symptom meistens vorhanden
(+)	als Symptom gelegentlich vorhanden

Tabelle: Symptome bei ausgewählten Infektionskrankheiten und Allergien (nach Mertin)	Masern	Scharlach	Röteln	Drei-Tage-Fieber	Windpocken	Allergien
Fieber	++*	++	+	++	+	(+)
Husten	+	(+)				
Schnupfen	+**					
entzündete Augenbindehaut	++					(+)
aufgelockerte Mundschleimhaut	++***			(+)		
belegte Zunge	++	++	+	+	+****	
Himbeerzunge		++				
geröteter Rachen, geschwollene Mandeln	+	++	+	+	+	
eitrige Angina		++				
geschwollene Lymphknoten im Kieferwinkel	++	++	+	+	+	
geschwollene Lymphknoten im Nacken			++			
Erbrechen	+	+		+	(+)	
Durchfall	(+)	+				
Bauchschmerzen		+				
Nackensteifigkeit	(+)	(+)		++		
Ohrenbeteiligung	+	+				
Exanthem (Ausschlag) hinter den Ohren beginnend	++					
Exanthem in den großen Beugefalten beginnend (Achsel, Leistenbeuge)		++				
Exanthem am behaarten Kopf					++	
Exanthem ohne spezielle Lokalisation am ganzen Körper			+	+		+*****
Exanthem in verschiedenen Stadien gleichzeitig					++	+
Exanthem stark juckend					++	++
Exanthem stark schuppend nach Abklingen des akuten Stadiums		++				
«Milchbart» (ausgespartes Mund-Dreieck)		++				

Drei-Tage-Fieber

♦ Ursache: Die Erkrankung befällt vorwiegend Säuglinge und Klein- kinder. Der Erreger ist ein Virus (Humanes Herpes-Virus 6: HHV6 benannt).

♦ Symptome und Verlauf: Die Erkrankung beginnt plötzlich mit hohem Fieber, manchmal von Schnupfen und Husten begleitet. In schweren Fällen leiden die Kinder unter einem steifen Nacken und Berührungsempfindlichkeit und sind deshalb recht mitgenommen. Bei Säuglingen ist oft die große Fontanelle vorgewölbt. Nach dem dritten oder vierten Tag entwickelt sich bei Drei-Tage-Fieber ein Hautausschlag (Exanthem), gleichzeitig verschwindet das Fieber, und das Kind fühlt sich wieder gesund und munter.

♦ Behandlung: Gezielte Maßnah- men sind nicht bekannt: Erst wenn das Exanthem aufgetreten ist, kann die Ärztin die Diagnose stellen. Bis dahin werden die Symptome einzeln behandelt.

Windpocken

♦ Ursache und Verlauf: Der Erreger der Windpocken wird durch fliegende Infektion übertra- gen. Die Ansteckungsgefahr ist groß, kurzes Zusammensein mit einem kranken Kind genügt zur Infektion. Schon Säuglinge in den ersten Lebensmonaten können daran erkranken. Der Schutz nach Überstehen der Krankheit ist vollständig (lebenslange Immuni- tät).

♦ Symptome und Verlauf: Nach der Ansteckung erscheint das Kind für zwei bis drei Wochen völlig gesund. Dann entstehen zunächst auf den Schleimhäuten der Mund- höhle kleine Bläschen, danach erfolgt ein Hautausschlag mit kleinen rosa bis roten Flecken, die sich über Knötchen zu Bläschen mit zentraler Eindellung umwandeln.

Der anfangs klare Inhalt der Bläschen wird nach einem Tag trüb, es bildet sich ein roter Hof, und die Bläschen trocknen ein. Daraufhin entsteht ein Schorf, der nach ein bis drei Wochen abfällt. Es besteht Ansteckungsgefahr, bis die letzte Kruste abgefallen ist. Der Aus- schlag verläuft in Schüben und juckt oft stark.

Meist tritt zu Beginn hohes Fieber auf, es kann aber auch fehlen. Die verschiedenen Entwick- lungsstadien sind gleichzeitig auf der Haut und unter dem Kopfhaar sichtbar.

Narben bleiben nur dann zurück, wenn das Kind kratzt und dabei die Wunden mit Eitererregern ver- schmutzt. Geschwister von Wind- pockenkranken sollte man täglich genau untersuchen. Sie von vorn- herein von der Schule fernzuhalten ist wegen der langen Inkubations- und Ansteckungsphase jedoch wenig sinnvoll.

♦ Behandlung durch die Ärztin: Sie wird sich meist auf die Verordnung einer Juckreiz stillenden Schüttelmixtur beschränken, um das Kratzen zu verhindern.

♦ Komplikation: Eine Gehirnentzündung (Enzephalitis) als Folgeerscheinung von Windpocken ist selten.

Hautausschläge durch Allergien

Hautausschläge, die durch Unverträglichkeit von Nahrung, Gräsern, Zitrusfrüchten usw. hervorgerufen werden, sind meist stark juckend und quaddelförmig über den ganzen Körper verteilt. Um die Ursache und angemessene Therapie herauszufinden, müssen die Eltern das Kind einem Arzt vorstellen.

Keuchhusten

♦ Ursache: Keuchhusten wird durch eine Infektion mit Koryne-Bakterien hervorgerufen. Die Übertragung erfolgt immer durch Tröpfchen, nicht selten über mehrere Meter hinweg. Dabei ist Keuchhusten, vor allem für Säuglinge, eine schwere, manchmal lebensbedrohende Krankheit. Säuglinge müssen daher sorgfältig vor dem Kontakt mit erkrankten Kindern geschützt werden. Für die Ansteckung genügt meist schon ein kurzer, gemeinsamer Aufenthalt im gleichen Raum.

Wer einen Keuchhusten durchgemacht hat, ist immun.

♦ Symptome: Etwa ein bis zwei Wochen nach der Ansteckung beginnt der Keuchhusten mit einem ganz normalen Husten, der allerdings nachts bald stärker wird. Weitere ein bis zwei Wochen später werden die Hustenattacken immer schwerer und häufiger und entwickeln sich zu den typischen Keuchhustenanfällen: Ein kitzelnder, brennender Reiz im Kehlkopf macht das Kind unruhig und zwingt es zum Husten mit vorgestreckter Zunge. Es kommt zu einem Kehldeckelkrampf, und das Kind ringt nach Atem, bis der Krampf sich löst. Weil die Luft dabei so heftig und geräuschvoll eingezogen wird, spricht man von «Keuchhusten-Ziehen». Solche Anfälle können sich ein paarmal hintereinander wiederholen, zehn- bis zwanzigmal am Tag. Das Kind läuft dann im Gesicht blaurot an, schwitzt stark, seine Augen tränen und quellen hervor, bis (oft unter Erbrechen) ein zäher Schleim hervorgewürgt wird.

♦ Behandlung: Zur Vorbeugung kann man gesunde Kinder dreimal nacheinander im Abstand von mehreren Wochen aktiv gegen Keuchhusten impfen lassen (nicht bei einem «Risikokind»). Damit vermeiden Sie eine bedrohliche Krankheit. Durch eine passive Impfung lassen sich Ausbruch und Verlauf verhindern bzw. mildern.

Der Arzt gibt im Falle der Erkrankung Hustensaft und gegebenenfalls Beruhigungs- und Fieberzäpfchen.

Ist sonst keine andere Krankheit im Spiel und ist Ihr Kind fieberfrei, sollten Sie mit ihm so oft wie möglich an die frische Luft gehen (nicht auf öffentliche Spielplätze). Das kranke Kind wird wenig Nahrung aufnehmen bzw. die Nahrung häufig wieder erbrechen. Geben Sie also leicht verdauliche und kalorienreiche Kost in vielen kleinen Portionen.

♦ Verlauf und Komplikationen: Während der Zeit der Erkrankung sind die Kinder «mitgenommen», blaß, sie magern durch das häufige Erbrechen ab. Die Körpertemperatur bleibt normal. Nach drei bis vier Wochen klingen die Hustenanfälle ab, und es kommt auch nicht mehr so häufig zum Erbrechen, der Schleim läßt sich wieder besser aushusten. Die Kinder schlafen ruhiger, nehmen zu und erholen sich in der Regel nach weiteren drei Wochen. Komplikationsmöglichkeiten sind durch die anfänglichen Hustenanfälle gegeben, die sich bei Säuglingen bis zu Erstickungsanfällen steigern können. Außerdem besteht die Gefahr einer Keuchhusten-Lungenentzündung.

Asthma

♦ Ursache: Unter Asthma (Asthma bronchiale) versteht man eine Atemnot, die durch Verengung der Bronchien verursacht wird. Schon Säuglinge können daran erkranken – dann spricht man von spastischer Bronchitis. Häufiger tritt es aber als Bronchialasthma im Kleinkind- und Schulalter auf. Während der Pubertät kann man oft eine Besserung feststellen. Etwa 30 Prozent aller asthmakranken Kinder werden in dieser Zeit sogar symptomfrei.

Allergien und/oder psychische Belastungen können die Krankheit auslösen. Allergische Reaktionen beruhen darauf, daß sogenannte Antigene in den Körper eindringen und dort die Bildung von Abwehrstoffen, sogenannten Antikörpern, verursachen. Durch eine Reaktion zwischen Antigen und Antikörper kommt es dann zu den allergischen Krankheitserscheinungen (Antigen-Antikörper-Reaktion).

Antigene können z. B. Staub, Tierhaare, Gräserpollen, Chemikalien, Wolle, Kunstfasern, Appreturen usw. sein. Innerhalb einer Familie kann man oft eine Häufung der allergischen Anlage beobachten. Psychische Reaktionsweisen als Ursache findet man vor allem bei sensiblen, empfindsamen und ängstlichen Kindern: Seelische Belastungen, Streit, Angst oder auch die Erwartung wichtiger Ereignisse können den Anfall hervorrufen.

♦ Symptome: Typisches Zeichen für einen Asthmaanfall ist die Atemnot durch die Verkrampfung der Bronchialmuskulatur. Dabei schwillt die Bronchialschleimhaut an und sondert vermehrt Schleim ab. Sie können dann beim Kind verlängertes Ausatmen feststellen, die Atmung wird mühsam, keuchend, manchmal auch rasselnd. Das Kind ist ängstlich und unruhig und versucht aufzustehen, weil die Atmung im Liegen noch schwerer ist.

♦ Behandlung: Während des Anfalls ist Ruhe und Entspannung wichtig, da sonst der Sauerstoffverbrauch nur noch gesteigert wird. Viel frische Luft ist unbedingt notwendig. Auf jeden Fall sollte man sofort den Arzt verständigen! Er wird versuchen, durch Verabreichung von Medikamenten das Kind zu beruhigen und zu therapieren. Während eines schweren Anfalls kann eine Sauerstoffgabe manchmal lebensrettend sein, viel zu trinken kann unterstützend sein.

Sie sollten in jedem Fall selbst mit Ihrem Kind Atemgymnastik machen (Schultern lockern und zur Bauchatmung anleiten). Der Arzt wird überdies versuchen, die Stoffe, auf die das Kind allergisch reagiert, durch spezifische Hauttests herauszufinden. Diese Anfallsverursacher sind dann natürlich aus der Umgebung des Patienten zu entfernen. Zum Asthma kann eine psychische Reaktion des Kindes auf die Angst des Erwachsenen hinzukommen. In diesem Fall wird Ihr Arzt zusätzlich einen Kinderpsychologen oder -therapeuten hinzuziehen, der eine Mutter-Kind-Therapie oder eine Spieltherapie mit dem Kind durchführen wird. Oft bringt auch ein Milieuwechsel und die Umstellung der Lebensumstände über längere Zeit für das Kind die entscheidende Wende im Verlauf der Erkrankung und der Anfallshäufigkeit.

♦ Komplikationen: Im akuten Asthmaanfall besteht Erstickungsgefahr. Deswegen sollten Sie sich schon bei Asthmaverdacht erkundigen, welche Klinik oder welche Ärztin im Notfall behandlungsbereit ist.

Fettsucht

♦ Ursache: Unter Fettsucht versteht man übermäßiges Körpergewicht durch Fettansatz. Fettsucht entsteht fast immer durch übertriebene Nahrungszufuhr oder allzu geringen Energieverbrauch bei sonst normaler Ernährung. Im Verhältnis zu ihrer körperlichen Tätigkeit essen Fettsüchtige immer zuviel. Sie sind sicher keine besseren «Futterverwerter», denn ihre Ausscheidungen enthalten nicht weniger unaufgeschlossene Nahrungsmittel als die Ausscheidungen Normalgewichtiger. Der Organismus braucht nur einen Teil der überreichlichen Nahrung, und das überschüssige Kalorienangebot wird als Fettpolster im Unterhautgewebe gespeichert.

Später setzt sich das Fett auch in

den Gefäßsystemen an. Diese
nahrungsabhängige Form der
Fettsucht ist bei weitem die
häufigste. Nur bei etwa 10 Prozent
der Fettsuchtfälle sind hormonelle
Störungen der Hypophyse
(Hirnanhangsdrüse), der Neben-
nieren, der Schilddrüse oder der
Gonaden (Geschlechtsdrüsen) die
Ursache.

Bei fettsüchtigen Kindern kann
aber auch eine psychische Störung
vorliegen: Sie essen besonders viel,
um mangelnde Liebe und Zuwendung der Erwachsenen durch
Selbstzuwendung auszugleichen,
oder Erwachsene drängen ihnen
aus unbewußten Schuldgefühlen
(z. B. unbewußter Ablehnung des
Kindes) zuviel Nahrung auf.
Fettsucht macht Kinder unbeweg-
lich, weil sie großen «Ballast» mit
sich herumtragen müssen. Außerdem werden die Kinder resistenzlos
und haben bei akuten Belastungen
(z. B. fieberhaften Erkrankungen)
wegen Überbeanspruchung des
Kreislaufs mehr zu leiden als
normalgewichtige Kinder.

♦ Symptome: Kinder haben im
Verhältnis zu ihrer Körpergröße
mehr als ein Fünftel Übergewicht.

♦ Behandlung: Der Arzt wird
zuerst nach der Ursache der
Fettsucht forschen. Ist eine innerse-
kretorische Störung (Hormone,
Stoffwechsel) ausgeschlossen,
werden Arzt und Kinderpsychothe-
rapeut für das Kind spezielle
Diätpläne, Spiel- und Verhal-
tenstherapien entwickeln. Die Diät
besteht entweder aus Reduktions-
kost mit festgesetzter Kalorienzahl
oder aus eiweißreicher, aber auch
schlackenreicher Nahrung ohne
Mengenbeschränkung. Der Arzt
wird dann die Therapie überwa-
chen und die Eltern ständig
beraten. Bei extremer Fettsucht ist
eine derartige Behandlung zum
Teil nur in Kliniken oder in dafür
bestimmten Kurheimen möglich.
Mit dem folgenden Sieben-Punkte-
Programm wollen wir Ihnen eine
Orientierungshilfe für die weitere
Behandlung geben:
– Die Eltern müssen sich selbst
  beobachten und die eigenen
  Koch- und Eßgewohnheiten
  registrieren.
– Bevor die Kur beginnt, sollten
  Sie festgestellt haben, was und
  wieviel das Kind täglich zu sich
  nimmt, ob es sich bei Sport und
  Spiel viel bewegt oder eher träge
  ist und wie es sich bei geistigen
  Aktivitäten verhält.
– Schaffen Sie eine Personenwaage
  zur Gewichtskontrolle an.
– Die Nahrungsmenge sollte
  schrittweise, aber konsequent
  verringert werden.
– Beachten Sie ganz besonders die
  Nahrungsqualität: Kinder
  müssen viel frisches Obst
  bekommen (außer Bananen),
  eiweißhaltige Kost, frisches
  Gemüse und mindestens einmal
  täglich grünen Salat; einzu-
  schränken ist die Zufuhr von
  Kohlenhydraten, die vor allem in

Zucker, Süßigkeiten und Teigwaren enthalten sind.

– Sorgen Sie dafür, daß Ihr Kind viel körperliche Bewegung bekommt (sportliche Betätigung am Spielplatz, Gymnastik, Turnen, Baden, Schwimmen).

– Der Erfolg der Kur ist schon halb gesichert, wenn Sie es verstehen, Ihr Kind zur Mitarbeit anzuregen. Interesse an der Behandlung und Verständnis für die Maßnahmen erreichen Sie am besten, wenn Sie den Vorgang sichtbar machen, z. B. durch eine Gewichtskurve.

♦ Verlauf und Komplikation: Wird der Diätplan nicht eingehalten oder erst gar keine Behandlung eingeleitet, muß man bei fettsüchtigen Kindern mit vielen unangenehmen Folgen im späteren Alter rechnen – auch mit einer verkürzten Lebenserwartung. Durch die Überlastung der Wirbelsäule, der Hüften und der Füße kommt es schließlich zu Haltungsschäden, Senk- und Spreizfüßen, zu Abnutzungserscheinungen an den Knie- und Hüftgelenken sowie an der Wirbelsäule.

Blinddarmentzündung (Appendizitis)

♦ Ursache: Bei der sogenannten Blinddarmentzündung ist der Wurmfortsatz entzündet. Er ist ein etwa bleistiftdickes, 8 bis 10 cm langes Anhängsel des Blinddarms rechts unten im Bauchraum und erfüllt keine unersetzliche Funktion. Appendizitis tritt vor allem zwischen dem fünften und zwanzigsten Lebensjahr auf, aber auch Säuglinge können daran erkranken. Mehrere Ursachen kommen für eine Wurmfortsatzentzündung in Betracht.

♦ Symptome: Die ersten Anzeichen der Entzündung sind Fieber (deutlich unterschiedliche Werte bei axialer [Achselhöhle] und rektaler [After] Messung: ca. 37,5 bzw. 38,3 Grad), Appetitlosigkeit, Übelkeit, Erbrechen und ein punktförmiger Schmerz im rechten Unterbauch. Wenn Sie bei Ihrem Kind an dieser Stelle die Bauchdecke leicht eindrücken – die Muskulatur ist hier gespannt –, verstärkt sich der Schmerz. Die Zunge ist dick belegt (Mundgeruch).

♦ Behandlung: Wenn der Schmerz punktförmig und heftig ist und das Kind erbricht, sollten Sie rasch eine Ärztin aufsuchen. Bei geringen Schmerzen soll das Kind bis zum Eintreffen der Ärztin Bettruhe halten und nichts essen oder trinken. Um die Schmerzen zu lindern, können Sie eine Wärmflasche mit Eis füllen und sie dem Patienten auf den rechten Unterbauch legen. Bereiten Sie schon alles für den Transport ins Krankenhaus vor: geben Sie aber keine schmerzstillenden Medikamente, weil Sie dadurch das Krankheitsbild verschleiern. Die Behandlung besteht in der operativen Entfernung des Wurmfortsatzes, der meist unkomplizierten Blinddarmoperation.

♦ Verlauf und Komplikationen: Manchmal sind die Anfangserscheinungen geringfügig, und Ihr Kind hat vielleicht dem leichten Schmerz noch keine Bedeutung beigemessen. Da die Stadien der Entzündung innerhalb von Stunden durchlaufen werden können, sollten Sie jedoch beim ersten Anzeichen eine Ärztin verständigen. Es besteht bei der Appendizitis immer die Gefahr, daß der Wurmfortsatz durchbricht und es äußerst rasch zu einer sehr gefährlichen Bauchfellentzündung kommen kann. Der Patient fühlt sich nach diesem lebensgefährlichen Durchbruch für eine Stunde schmerzfrei! Achtung! Versuchen Sie dann sofort einen Rettungswagen zu bekommen, der Ihr Kind sicher und schnell in die Klinik bringt. Die rechtzeitige Operation verläuft in der Regel ohne Komplikationen.

Harnwegsinfektionen

♦ Ursache und Vorkommen: Entzündungen der Harnwege können bei Kindern in jedem Alter auftreten. In den ersten drei Lebensmonaten sind sie bei Jungen häufiger, später haben eher Mädchen darunter zu leiden. Man unterscheidet zwischen einer aufsteigenden und einer hämatogenen Infektion. Die aufsteigende Infektion beginnt in der Harnröhre, wandert von dort über die Blase, den Harnleiter in das Nierenbecken und von da an weiter in das Nierengewebe. Bei der hämatogenen Infektion werden Bakterien einer allgemeinen Erkrankung des Organismus, beispielsweise der Angina oder des Scharlach, über die Blutbahn auf die Nieren übertragen und steigen von da ab über die Harnröhre zur Blase.

Unterkühlung im Harnwegsbereich spielt bei beiden Arten der Infektion immer nur eine auslösende Rolle, weil dadurch die Gewebe weniger widerstandsfähig gegen Bakterienbefall werden.

Manchmal sind aber auch organische Fehlbildungen im Urogenitaltrakt der Grund für erhöhte Infektionsbereitschaft. Oft kommt es durch die Fehlbildung zu einer Abflußbehinderung des Urins. Die schwerwiegenden Folgen sind dann der Reihe nach: Urinrückstau im Nierenbecken, Verplumpung des Nierenbecken-Kelchsystems, Druck auf das Nierengewebe, Schwund des funktionstüchtigen Gewebes, Harnvergiftung durch Zerstörung des Nierengewebes. Ist die Vergiftung bis dahin fortgeschritten, läßt sich das Leben nur durch Anschluß an eine künstliche Niere oder durch Nierenverpflanzung erhalten. Abflußbehinderungen im harnableitenden System können aber auch durch Nierensteine entstehen.

Durch häufige und immer wiederkehrende Harnwegsinfektionen kann das Nierengewebe funktionsuntüchtig werden und damit zur Harnvergiftung führen. Nur zu leicht werden die ersten akuten Harnwegsinfektionen wegen ihrer wenig spezifischen Symptome übersehen, sie heilen nicht aus und entwickeln sich zu einer chronischen Erkrankung. Im folgenden wollen wir eine Übersicht über alle Symptome geben, die auf eine Infektion im harnableitenden System hinweisen. Stellen Sie eines oder mehrere dieser Symptome bei Ihrem Kind fest, sollten Sie es sofort einem Arzt vorstellen.

♦ Symptome beim Säugling: Gewichtsstillstand oder Gewichtsabnahme ohne ersichtlichen Grund, anhaltende Appetitlosigkeit; Fieber ohne andere Krankheitszeichen; Durchfall, der trotz der üblichen Behandlung andauert; fahle Blässe; verlängerte Gelbsucht beim Neugeborenen und in den ersten drei Lebensmonaten; geblähter, praller Bauch in Verbindung mit Druckschmerzen und Erbrechen; Harnverhaltung; Krämpfe. Angeborene Fehlbildungen jeder Art an irgendeiner Stelle des Körpers deuten auf mögliche Fehlbildungen im Urogenitalbereich hin.

♦ Symptome beim älteren Kind: Schmerzen beim Wasserlassen; ungewöhnlich häufiger Harndrang; anhaltende Abgeschlagenheit und Mattigkeit ohne ersichtlichen Grund; häufiges Erbrechen und schlechtes Gedeihen, gefolgt von Untergewicht; auffallend übelriechender Urin; Blut im Urin; Leib- und Lendenschmerzen; Einnässen bei Kindern, die ihre Harnblase bereits unter Kontrolle hatten; Entzündung und Rötung der Vulva (äußere weibliche Geschlechtsteile) oder der Harnröhre im Penis.

♦ Behandlung durch die Eltern: Die ärztliche Behandlung bedarf unbedingt Ihrer Unterstützung. Die besten Arzneien helfen hier wenig, wenn gewisse Verhaltensmaßregeln nicht beachtet werden. Bei akuter Infektion ist Bettruhe selbstverständlich. Wärme ist eine notwendige Genesungshilfe. Ihr Kind darf also keinen Zug bekommen, und nasse Windeln, Schlafkleidung, Bettwäsche usw. müssen immer gleich gewechselt werden. Geben Sie dem Kind soviel zu trinken, wie es will. Große Flüssigkeitsmengen spülen die Erreger der Entzündung aus dem erkrankten Bereich. Außerdem ist es Ihre Aufgabe, konsequent über die ärztliche Therapie, die Einhaltung einer eventuellen Diät und die Einnahme der Medikamente zu achten.

♦ Behandlung: Um der Grundkrankheit auf die Spur zu kommen, haben Ärzte heute vielerlei

Untersuchungsmöglichkeiten. Am Anfang steht die Untersuchung des Urins. Dabei werden der pH-Wert, Eiweiß- und Zuckergehalt, Gallenfarbstoff, Anzahl der Leukozyten (weiße Blutkörperchen) und die Menge der ausgeschiedenen Mineralien im Urin festgestellt. Wurden Bakterien gefunden, müssen sie auf ihre Antibiotikaempfindlichkeit geprüft werden. Aufgrund der gefundenen Ergebnisse läßt sich nun eine Therapie einleiten, die unter strenger ärztlicher Kontrolle durchzuführen ist. Bei wiederholten Infektionen der Harnwege oder bei einem Verdacht auf Fehlbildung im Harnwegssystem sollten die Nieren und die Blase auch röntgenologisch untersucht werden.

♦ Komplikationen und Prognose: Wird nicht bald eine Behandlung eingeleitet, kommt es zu einer chronischen Erkrankung. Nierengewebe stirbt fortwährend ab, und es kann schon bei Säuglingen zu schwerwiegenden Harnvergiftungen kommen. Verkürzte Lebenserwartung ist die Folge.

Erkrankungen der Vorhaut

♦ Ursache, Symptome und Behandlung: Eine Vorhautverengung ist bei kleinen Jungen in jedem Alter möglich. Die Vorhaut kann aber auch mit der Eichel verklebt sein, so daß sie sich nicht mehr nach hinten zurückschieben läßt

und den Harnaustritt beeinträchtigt.

Beim Wasserlassen fließt der Harn dann nicht ungehindert ab (Harntröpfeln). Eine entsprechende Behandlung sollte durch einen Arzt durchgeführt werden (Beseitigung der Verengung). Unter Umständen ist eine Operation notwendig.

Erkrankungen der Hoden

♦ Ursache: Normalerweise befinden sich die Hoden bei neugeborenen Jungen im Hodensack und sind deutlich sichtbar und tastbar. Bei manchen Kindern sind die Bruchpforten aber noch offen, und die Hoden sind noch nicht voll herabgestiegen oder wandern vom Hodensack in die Bauchhöhle und zurück.

♦ Behandlung: Sie brauchen sich nicht zu sorgen und können zunächst abwarten. Bis zum Ende des zweiten Lebensjahres sollten die Hoden aber von der Bauchhöhle in den Hodensack abgestiegen sein. Ist das nicht der Fall, muß das Kind einem Arzt vorgestellt werden, der den Hodenhochstand eventuell medikamentös oder operativ beseitigt.

♦ Verlauf und Komplikationen: Meist wandern die Hoden von selbst in den Hodensack. Geschieht das nicht und wird dem Kind auch keine ärztliche Behandlung zuteil, kann Zeugungsunfähigkeit die Folge sein.

Achtung: Gefährlich ist die Hodentorsion, die Drehung des Hodens. Akutes Krankheitsbild sind starke Schmerzen im Hoden, die bis zum Unterleib ausstrahlen, zum Teil mit Erbrechen verbunden. In diesem Fall ist das Kind sofort in eine Klinik zu bringen, wo der Arzt innerhalb von zwei Stunden eine Operation einleiten muß.

Hernien (Brüche)

♦ Ursache: Im Bereich der Bauchwand liegen die natürlichen Bruchpforten. Schließen sich diese zu spät oder unvollständig, können Bauchorgane mit einem Bruchsack austreten. Diese Erscheinung gibt es in jedem Alter. Die meisten Brüche sind Leistenbrüche, die am häufigsten bei Jungen im ersten Lebensjahr auftreten. Manchmal kommt es auch zum Wasserbruch. Es handelt sich dabei um eine Ansammlung von Flüssigkeit im Bereich des Hodens. Nabelbrüche entstehen im Bereich des Nabelrings, der sich nach der Geburt erst allmählich schließt.

♦ Symptome: Einen Bruch kann man von außen an der deutlichen Schwellung erkennen. Beim Husten oder Pressen vergrößert sich die Schwellung.

♦ Behandlung durch die Eltern: Bei großer Bruchpforte können die Eltern den Bruchinhalt immer wieder zurückschieben. Die Bruchpforte schließt sich mit der Zeit meist von selbst. Bei kleiner Bruchpforte muß ein Arzt hinzugezogen werden, da die Gefahr besteht, daß sich zum Beispiel eine austretende Darmschlinge einklemmt und ihre Durchblutung gestört wird: das kann zu ernsten Komplikationen führen.

♦ Behandlung: Der Arzt muß entscheiden, ob der Bruch operiert werden soll.

Krampf («großer», generalisierter oder örtlich begrenzter Anfall)

♦ Ursachen: Kinder haben eine größere Krampfbereitschaft als Erwachsene. Nach schweren Ernährungsstörungen, nach Stoffwechselkrisen, nach Sauerstoff-Mangelzuständen können schon in den ersten Lebenstagen und -wochen lebensgefährliche Krampfanfälle vorkommen. Weitere mögliche Ursachen: Fehlbildung des Gehirns, Geburtsschäden, Blutungen oder Entzündungen im Gehirn, Verletzungen des Gehirns, aber auch hohes Fieber.

♦ Symptome: Abruptes, sichtbares Symptom mit anfänglicher Versteifung, gefolgt von Verkrampfung und rhythmischen Zuckungen (auch halbseitig möglich). Meistens tritt

Bewußtlosigkeit auf. Ein weiteres Symptom ist die stoßende Atmung.

♦ Behandlung: Tritt ein Krampf auf und hat das Kind zugleich Fieber, rufen Sie sofort den Arzt; lagern Sie das Kind bis zu seinem Eintreffen so, daß es sich nicht verletzt. Die Behandlung hängt von der Ursache der Krämpfe ab und kann nur vom Arzt gefunden werden. Schon beim erstmaligen Auftreten ist ärztliche Behandlung nötig.

Kleine Anfälle

♦ Ursache: Verschiedenste hirnorganische Prozesse können die Blitz-, Nick- und Salaam-Krämpfe auslösen.

♦ Symptome: Abruptes Zusammenzucken des Kindes, z. B. mit kurzem Vorschnellen des Kopfes, Zusammenzucken des gesamten Körpers (ähnlich dem Zusammenklappen eines Taschenmessers); diese Erscheinungen treten innerhalb von wenigen Minuten mehrmals auf; das Symptom ist als abruptes Ereignis fühlbar; der Erwachsene kann das Kind nicht beruhigen. Krämpfe dieser Art treten vorwiegend in der Zeit zwischen dem dritten und achten Lebensjahr auf.

♦ Behandlung: Nur bei frühzeitiger Behandlung in einer Spezialklinik ist die Chance gegeben, daß dem Kind geholfen werden kann.

Krampfanfall bei Fieber

♦ Ursache und Symptome: Bei hohem Fieber können Säuglinge und Kleinkinder aufgrund einer extremen Stress-Situation und Kreislaufbelastung einen vom Gehirn ausgehenden Krampfanfall erleiden. Er erscheint wie ein großer Anfall.

♦ Behandlung: Sie kann nur durch den Arzt in der Klinik, die deshalb schnellstens aufgesucht werden muß, vorgenommen werden. Bei wiederholten Krampfanfällen bei Fieber sollten frühzeitig fiebersenkende Mittel und während der gesamten Zeit des Fiebers beruhigende Medikamente eingesetzt werden.

Respiratorischer Affektkrampf

♦ Ursache: Vor allem im Kleinkindalter und in der Vorpubertät treten diese Anfälle auf. Es handelt sich dabei um rein psychische Reaktionen.

♦ Symptome: Die Anfälle sind bei Kindern zu beobachten, denen etwas verboten wird, wenn sie sich ärgern, nach Schreck und Schmerz. Die Kinder schreien (lauthals), holen dabei keine Luft und laufen blau an.

♦ Behandlung durch die Eltern: Medizinisch gesehen sind diese Wutreaktionen relativ harmlos.

Wenn Sie rechtzeitig gegensteuern, das Kind ablenken usw., steigert es sich kaum in einen derartigen, demonstrativen «Anfall». Zu Ihrer eigenen Beruhigung sollten Sie einen Arzt um Rat bitten, damit etwaige andere Krankheiten ausgeschlossen werden.

Schielen

♦ Ursache: Fast alle Abweichungen von der geregelten Führung beider Augen bezeichnet man als Schielen. Die verschiedenen Formen können in jedem Lebensalter auftreten. Eine Ursache für das Schielen können vom Gehirn fehlgesteuerte Augenbewegungen oder auch eine Augenmuskellähmung sein.

♦ Symptome: Die Blickrichtungen beider Augen verlaufen beim Schielen nicht parallel zueinander oder im gleichen Winkel zur Sehachse, sondern ein Auge ist stärker ein- oder auswärts gerichtet als das andere (Einwärts- oder Auswärtsschielen). Diese Erscheinung kann sich noch sehr verstärken, wenn das Kind sehr müde ist.

♦ Behandlung durch den Arzt: Eine Behandlung durch die Eltern ist beim Schielen nicht möglich. Sie müssen mit dem Kind einen Augenarzt aufsuchen. Bei rechtzeitigem Behandlungsbeginn genügt zunächst ein Abdeckungsverband oder eine Brille mit Blindglas. Das

ist zugleich für das geöffnete Auge eine muskelstärkende Fixierungsübung. Man trägt dabei systematisch von halbstündiger bis zu halbtägiger Dauer ein Okklusionspflaster (Augenabdeckung) oder nach einem anderen vom Arzt empfohlenen Rhythmus. Das schwerer betroffene Auge – meistens sind es beide Augen – muß intensiver geübt werden (das «bessere» Auge wird häufiger abgedeckt).

Um das räumliche Sehen zu erreichen (dazu ist die Parallelstellung der Augen erforderlich), muß unter Umständen eine Operation durchgeführt werden. Im Anschluß daran ist in der Regel für begrenzte Zeit eine Schielbrille erforderlich.

Haltungsschäden

♦ Ursache und Symptome: Haltungsschäden haben in der Regel zwei Ursachen:
a) Sie können während der Schwangerschaft (intrauterin) durch eine Zwangshaltung des Embryos entstehen und als Folge den Schiefhals (mit schwerer Schädel-, Gesichts- und Wirbelsäulenverformung) oder auch eine Fehlbildung (Luxation) der Hüfte bewirken.
b) Sie entstehen durch häufige, erzwungene oder bevorzugte Haltungen (z. B. weiche Matratze, zu kurze Wiege, falsche Haltung beim Stillen). Wirbel-

säulenverkrümmung, runder Rücken, Hohlkreuz, durchgedrückte Knie, Senk- und Knickfüße können die Folge sein.

♦ Behandlung: Je früher ein Schaden der einen oder anderen Art erkannt wird, desto eher ist vollständige Heilung möglich. Gezielte Krankengymnastik ist nach der Diagnose durch einen Facharzt erforderlich. Behandlungen dieser Art müssen aber spätestens bis zum sechsten oder achten Lebensmonat abgeschlossen sein. Ist der Haltungsschaden bis dahin nicht erkannt und/oder nicht behandelt, muß man unter Umständen operieren und ein mühsames Spezialtraining anschließen. Hat man ein Kind mit einem Haltungsschaden, ist es ganz wichtig, mit ihm Sport zu treiben, der die Symmetrie betont: Schaukeln, Hüpfen mit beiden Beinen usw.

Sitzt das Kind oft lange am Tisch (z. B. beim Malen), sollten Sie zwischendurch mit ihm ein Spiel zur Lockerung machen. Auf jeden Fall braucht es passende, orthopädisch einwandfreie Sitzmöbel.

Fußschäden

♦ Ursache: Bei Kindern jeden Alters kann sich eine Deformation an den Füßen entwickeln. Angeborene Schäden sind z. B. Sichel-, Klump- oder Hackenfüße als Folge einer falschen Lage während der Schwangerschaft. Knick- und Plattfüße dagegen entstehen im Kleinkindalter als Folge von Übergewicht oder schlecht passendem Schuhwerk.

♦ Behandlung und Vorbeugung: Wichtig ist eine rechtzeitige Diagnose, da sonst bestimmte Muskeln und Bänder übermäßig beansprucht werden und in der Folge Knochenveränderungen eintreten.

Beim Säugling kann man schon in der ersten Woche nach der Geburt bei einem Klumpfuß einen Gipsverband anlegen, der immer neu angepaßt werden muß. Im Anschluß daran ist eine gezielte Fußgymnastik wichtig.

Bei dem weitverbreiteten Senk-Knick-Fuß werden durch gezielte Gymnastik die Muskeln der Fußsohle gestärkt, insbesondere die Zehenbeuger und -strecker. Unterstützend wirken häufiges Barfußlaufen, Greifübungen mit den Zehen und gegebenenfalls eine Knopfeinlage in den Schuhen, die das Kind bei jedem Schritt zum Anspannen der Fußmuskulatur veranlaßt (sonst drückt der Knopf schmerzhaft).

Geht ein Kind vorwiegend mit ein- oder stark auswärts zeigenden Füßen, empfehlen sich gegenläufige Bewegungen und Spiele (beim einwärts gedrehten Fuß z. B. Schlittschuh- oder Rollschuhlaufen sowie Skilaufen in der Ebene). Alle Bewegungsarten, die die Parallelstellung der Füße begünstigen oder sogar die benötigte Gegenbewegung

des Fußes betonen, sei es Auswärts-
oder Einwärtsdrehung, sind besonders geeignet.

Alle aktiven, vom Kind ausgehenden und die Fußmuskulatur stärken-
den Übungen sind der nur passiven
Stützung durch Einlagen vorzuzie-
hen, die die Muskulatur weiter
schwächen.

Vergiftungen und Verschlucken von harten Gegenständen

♦ Ursachen und Symptome: Kinder
bis zum sechsten Lebensjahr
können in der Regel nicht lesen, was
in den hochinteressanten Flaschen,
Gläsern und Röhrchen enthalten ist,
die Sie so gut verstecken – und wenn
sie etwas Interessantes finden, wird
es gleich in den Mund gesteckt.
Dabei kann es leicht geschehen, daß
etwas verschluckt wird. Ein plötz-
licher Hustenanfall, bei dem das
Kind vielleicht auch noch blaurot
anläuft und nach Luft schnappt, ist
ein ziemlich sicheres Symptom
dafür, daß ihm etwas Gefährliches
in die Luftröhre geraten ist. Spitze
Gegenstände verursachen meist ein
starkes Kratzen in der Luft- oder
Speiseröhre, und das Kind versucht
unter Husten und Würgen, die
Sache wieder loszuwerden. Je nach
Größe, Form und Beschaffenheit
des verschluckten Gegenstandes
besteht Erstickungsgefahr.
   Ebenso gefährlich sind der Inhalt
der Hausapotheke sowie Putz- und
Spülmittel. Wenn das Kind plötzlich

hustet, vor Schmerzen weint und
Verätzungsspuren im Mundbereich,
auf den Lippen oder der Zunge
zeigt, versuchen Sie am besten
zuerst, am Geruch des Atems
festzustellen, um welche Substanz
es sich handeln könnte. Schwieriger
ist es herauszufinden, welche
Arznei ein Kind geschluckt hat,
weil die Wirkung unter Umständen
erst später eintritt. In dem Moment
aber, wo Ihnen Taumeln, Torkeln,
Übererregbarkeit und Verwirrtheit
auffallen oder das Kind gar
bewußtlos wird, versuchen Sie
durch einen kurzen Blick in den
Arzneischrank festzustellen,
welche Medizin die Ursache sein
könnte. Meistens liegt das geleerte
Röhrchen oder Fläschchen noch
herum. Grundsätzlich kann in
beiden Fällen Lebensgefahr
bestehen oder zumindest eine
ernsthafte Bedrohung der Gesundheit.

♦ Erste Hilfe: Es ist erforderlich,
sofort das Entgiftungszentrum
einer Klinik anzurufen (Adressen
und Telefonnummern finden Sie im
«Elternbuch 1», S. 241) und das
Kind schnellstens dorthin zu
bringen, wo es medikamentös zum
Erbrechen gebracht wird, eine
Magenspülung erfolgt oder es
geröntgt wird. (Beim bewußtlosen
Kind ergreifen die Ärzte andere
Maßnahmen.) Nehmen Sie die
giftige Substanz unbedingt mit.

♦ Vorbeugung: Am besten begeg-
nen Sie der Gefahr, wenn Sie von

vornherein alle gefährlichen Dinge für Ihr Kind unzugänglich aufbewahren. Medikamente, Putzmittel, Säuren, Fleckenwasser, Malerfarben usw. gehören in eine für das Kind nicht erreichbare Höhe. Beim Spiel mit kleinen Bauklötzen, Münzen, Kieselsteinen u. ä. sollten Sie es im Auge behalten. Die Gefahr, daß derlei Dinge (insbesondere Erdnüsse) verschluckt werden, läßt sich nie ganz ausschließen, aber durch Vorsichtsmaßnahmen doch immerhin stark reduzieren.

Sturz auf den Kopf

♦ Ursache: Auch wenn Sie sich noch so sehr bemühen, kann es irgendwann einmal passieren, daß Ihr Kind stürzt, vielleicht eine Treppe herunter, oder gar von einem Tisch fällt. Zum Glück kommt es dabei nicht zwangsläufig zu ernsten Verletzungen.

Um Spätfolgen auszuschließen, sollten Sie Ihr Kind genau untersuchen lassen.

♦ Symptome: Ein heftiger Sturz auf einen harten Boden erzeugt einen Bluterguß (blauer Fleck) an der Aufprallstelle. Schmerzen wird das Kind ganz sicher empfinden, unter Umständen kommt es zu kurzfristiger Bewußtlosigkeit, manchmal gefolgt von Erbrechen.

♦ Behandlung durch die Eltern: Sie sollten das Kind trösten und bei einem Bluterguß, länger anhaltenden Kopfschmerzen, Bewußtlosigkeit oder Erbrechen auf jeden Fall einen Arzt verständigen.

♦ Komplikationen: Wenn eine Gehirnerschütterung (Erbrechen, Benommenheit und Kopfschmerzen sind sichere Zeichen dafür) eingetreten ist, muß das Kind so lange im Bett liegenbleiben (gegebenenfalls mehrere Tage), bis der Kopfschmerz vergangen ist. Bei schweren Stürzen kann sogar ein Schädelbruch die Folge sein, dann müssen Sie schnellstens eine Ärztin holen.

Das sollte Ihre Hausapotheke enthalten

Das gilt für jede Hausapotheke

Bei manchem kleinen Unfall oder bei kleinen «Unstimmigkeiten» können Sie Ihr Kind selbst versorgen, wenn Sie eine Hausapotheke einrichten. Sie sollte in einem kühlen Raum so hoch aufgehängt sein, daß sie auch Ihre älteren Kinder nicht erreichen können. Trotzdem müssen Sie sie abschließen und den Schlüssel sicher aufbewahren.

Ordnen Sie alles übersichtlich nach leicht überschaubaren Gruppen (z. B. Medikamente, Verband- und Krankenpflegemittel). Jedes Medikament muß in seiner Originalpackung zusammen mit der Gebrauchsanweisung einsortiert werden. Schreiben Sie jeweils den Kauftag dazu, denn alles bleibt nur begrenzte Zeit wirksam. Auskunft darüber, wie lange Sie ein Medikament verwenden können, bekommen Sie in jeder Apotheke oder von Ihrem Hausarzt. Bewahren Sie die Medikamente, die für Ihr Kind bestimmt sind, in Ihrer Hausapotheke gesondert auf. Und denken Sie daran, daß nicht alles, was Ihnen guttut, auch für Ihr Kind geeignet sein muß. Bei Verwechslungsgefahr müssen Sie den Namen des Familienmitglieds, für das die Medizin bestimmt ist, darauf notieren.

Das brauchen Sie für Ihr Kind

Im folgenden finden Sie eine Aufstellung über wichtige Medikamente, Verband- und Pflegemittel, die Ihre Hausapotheke für Ihr Kind enthalten sollte. Die hier ausgewählten Medikamente sind nicht als Empfehlung bestimmter Fabrikate zu verstehen; es handelt sich dabei lediglich um eine anschauliche Sammlung:
- Lotion gegen Insekten,
- Mittel zur Behandlung von Insektenstichen,
- Fieberthermometer,
- Pinzette,
- Hansaplast (4, 6 und 8 cm breit),
- Leukoplast,
- Verbandpäckchen,
- Wund- und Heilsalbe,
- Brand- und Wundgel,
- Mittel zur Einmal-Desinfektion von Wunden (Einmal-Packung),
- Zäpfchen gegen Fieber und Schmerzen,

- Hustensaft,
- Hustentropfen,
- abschwellende Augentropfen.

Wichtige Tips

Überprüfen Sie von Zeit zu Zeit den Bestand Ihrer Hausapotheke, werfen Sie alles Überlagerte heraus und ergänzen Sie, was fehlt.
- Halten Sie sich immer genau an die Anleitungen auf den Packungen, und geben Sie nie ein zweites, anderes Mittel «zur Verstärkung» – das kann sehr gefährlich sein.

- Wenn Sie bei einer Krankheit nicht ganz genau wissen, ob ein bestimmtes Mittel, das Sie gerade im Haus haben, das richtige ist, fragen Sie lieber vorher einen Arzt. (Sicher gibt er Ihnen auch telefonisch Auskunft, wenn er Sie und Ihr Kind gut kennt.)
- Ergänzen Sie Ihre Hausapotheke durch eine umfangreiche «Erste Hilfe»-Broschüre, die Sie im Anschluß an einen entsprechenden Kurs kaufen können.
- Schreiben Sie an die Innenseiten des Arzneischränkchens für dringende Fälle alle wichtigen Telefonnummern, und überprüfen Sie sie von Zeit zu Zeit:

• Kinderärztin ....

• Hausarzt ....

• Hals-Nasen-Ohren-Arzt ....

• Augenärztin ....

• Frauenarzt ....

• (Kinder-)Krankenhaus ....

• Rettungswagen ....

• Zentrum für Vergiftungserscheinungen ....

• Apotheke (eventuell mit Nachtdienstplan) ....

ÜBERSICHTEN

Diese Verhaltensweisen zeigen Kinder im zweiten Lebensjahr

Wichtige Tips

Beobachten Sie am Ende des ersten, zweiten und vierten Vierteljahres das Verhalten Ihres Kindes, und vergleichen Sie es mit den Angaben der folgenden Seiten. Dazwischen sollten Sie es nicht überängstlich beobachten.

Ein Grund zur Besorgnis liegt erst dann vor, wenn Ihr Kind in seinem gesamten Verhalten um drei oder mehr Monate zurück ist. Dann sollten Sie mit dem Kinderarzt oder einem Kleinkind-Psychologen über Ihre Beobachtungen sprechen.

Am Ende des 1. Vierteljahres

♦ Denken: Das Kind interessiert sich sehr für neue Dinge. Es will alles untersuchen. Es zieht gern Gegenstände an einer Schnur hinter sich her. Stockähnliche Gegenstände benützt es dazu, andere Dinge damit herumzustoßen; es verwendet sie «werkzeugartig» als Verlängerung der Hand. Es kann auch schon einen Bleistift halten und kurze Zeit damit kritzeln. Einen versteckten Gegenstand sucht es immer wieder am gleichen Ort, an dem er schon einmal versteckt wurde.

♦ Sprache: Die sprachliche Kontaktaufnahme ist gut möglich. Wenn Sie das Kind geduldig nach einem vertrauten Gegenstand fragen, wird es ihn anschauen. Es ruft die Mutter durch sprachliche Lautäußerungen und spricht das erste Wort. Das Kind versteht schon sehr viel mehr Wörter, als es selbst sprechen kann.

♦ Handeln: Das Kind kann schon ein wenig mit Bauklötzen umgehen. Es versucht zwei Klötzchen aufeinanderzustellen, schafft es aber (meistens) nicht. Es steckt Becher einer Pyramide ineinander und kann eine Scheibenpyramide vom Stock abziehen.

Beim Essen nimmt es kleine Brotstückchen in die Hand und steckt sie sich in den Mund. Beim Kauen und Trinken wird nicht mehr so viel verkleckert, weil es den Mund, den Arm und die Hand schon besser unter Kontrolle hat.

♦ Motorik: Das Kind kriecht und krabbelt meist in der ganzen

Wohnung herum. Es kann sich gut allein aufsetzen und kippt nicht wieder um. Es richtet sich auch schon zum Stehen auf, wenn es sich dabei irgendwo festhalten kann. Es macht seine ersten freien Schritte (einige Kinder können das allerdings auch schon vor dem ersten Geburtstag).

♦ Soziales Verhalten: Das Kind steht gern im Mittelpunkt. Daher macht es ihm auch Spaß, lustige Dinge vorzuführen und die anderen zum Lachen zu bringen. Es kann gut zwischen den vertrauten Familienmitgliedern und Fremden unterscheiden. Bei Annäherung von Fremden schreit es unter Umständen und lehnt Kontakte ab. Es hört auf Verbote. Wenn es etwas Bestimmtes berühren will und Sie sagen fest und etwas lauter «nein», wird das akzeptiert. Das Kind beobachtet neugierig die Reaktion von Gleichaltrigen, wenn es sie an den Haaren zieht, sie kneift oder stößt. Es ahmt aber auch ihre Stimme, ihr Schreien oder das Plappern nach. Die Kinder können kurze Zeit zusammen spielen und Spielsachen austauschen.

Am Ende des 2. Vierteljahres

♦ Denken: Das Kind findet Dinge, die vor seinen Augen hintereinander an verschiedenen Orten versteckt werden. Die Aufmerksamkeit wechselt rasch, ist aber nur für kurze Zeit sehr intensiv. Handlungen werden nicht zu Ende geführt, wenn ein neuer Reiz vom Ziel ablenkt. Jede Abwechslung ist willkommen. Das Kind kann sich in vertrauter Umgebung mühelos orientieren. Es erkennt vertraute Straßen, Geschäfte und Gebäude wieder und kann «sein» Haus von den anderen unterscheiden.

Nun werden auch entferntere Dinge bemerkt, der Fernraum wird besser eingeschätzt. Neben dem Tastsinn tritt jetzt die optische Orientierung in den Vordergrund. Großen Spaß machen Guck-Guck-Spiele. Es hört sich sehr gern Musik an und kann sich dazu im Takt wiegen.

♦ Sprache: Nennt ein Erwachsener fragend einen Gegenstand, so zeigt das Kind darauf. Es äußert seine körperlichen Bedürfnisse und Wünsche durch Wörter, Laute und Gesten. Es spricht Wörter nach und ist sehr aufnahmebereit beim Erlernen der Sprache. Für Außenstehende ist die Aussprache des Kindes noch schwer verständlich. Viele Kinder verwenden jetzt die ersten Adjektive und Adverbien, gebrauchen aber trotzdem vorwiegend Substantive und Ausrufe. Mit achtzehn Monaten spricht das Kind durchschnittlich zehn Wörter. Mädchen sind sprachlich meist etwas gewandter als Jungen.

♦ Handeln: Mit zwei bis vier Bauklötzen kann jetzt schon ein

Nachmachen und Ausprobieren heißt die Devise für Zweijährige.

kleiner Turm gebaut werden. Gern steckt es auch Schlüssel in die Schlüssellöcher. Es zeigt auf Gegenstände, die es haben möchte. Es blättert schon einzelne Bilderbuchseiten um, ohne sie zu zerreißen.

Beim Essen und Anziehen will es seine Unabhängigkeit beweisen und unbedingt mithelfen. Es umfaßt mit beiden Händen den Trinkbecher und trinkt daraus. Der Löffel wird nur noch selten verkehrt in den Mund gesteckt. Beim Essen wird allerdings noch viel gekleckert. Das Kind bezieht mehr Spielsachen gleichzeitig in das Spiel ein als vorher.

♦ Motorik: Das Kind kann sich ohne Hilfe vom Sitzen zum Stand erheben. Es läuft frei, es rennt gern und kostet die neue Bewegungsfreiheit voll aus. Jetzt kann es auch schon Stufen hinaufklettern, wenn es sich dabei festhält. Es stellt sich auf Zehenspitzen, um auf einen hohen Tisch blicken zu können. Es kann sich bücken, ohne sich dabei irgendwo festzuhalten. Insgesamt ist das Kind sehr unruhig, seine Arme und Beine sind ständig in Bewegung. Selbst wenn es sitzt, will es aktiv sein, rudert mit den Armen herum und will alles greifen, auch wenn es nicht in unmittelbarer Nähe ist.

♦ Soziales Verhalten: Vertrauten Familienmitgliedern läuft das Kind mit ausgebreiteten Armen entgegen. Auch fremden Erwachsenen gegenüber wird es immer aufgeschlossener. Es will ständig in der Nähe der Mutter sein, läuft hinter ihr her und will dasselbe wie sie tun. Mit anderen Kindern spielt es schon recht gut, allerdings dauern diese Spiele nur ein paar Minuten. Der Streit um Spielsachen nimmt ab, das Interesse am Spielgefährten vergrößert sich. Das Kind zeigt manchmal schon große Beharrlichkeit beim Durchsetzen seiner Wünsche. Wenn Sie es bei einer Tätigkeit stören oder ihm bei einem Verlangen nicht nachgeben, kann es zu trotzähnlichen Reaktionen und Wutausbrüchen kommen.

Am Ende des 4. Vierteljahres

♦ Denken: Kurz vor dem zweiten Geburtstag kann das Kind schon über Dinge nachdenken, die es im Moment nicht wahrnehmen kann. Es bemerkt und versteht, daß bestimmte Ziele durch Planen und durch «Umweghandlungen» zu erreichen sind: Es schiebt zum Beispiel einen Stuhl vor den Schrank, um Schokolade zu holen. Es bereitet ihm keine Schwierigkeiten mehr, Gegenstände beim Namen zu nennen. Farben werden zwar unterschieden, aber noch nicht immer richtig bezeichnet. Dinge können nach der Dimension (groß, klein, lang, kurz) unterschieden und sortiert werden, aber auch nach Farbe und Form. Das Kind hat begriffen, daß sie je nach

Situation verschiedene Funktionen erfüllen können. Einzelne Teile werden zu einem Ganzen zusammengesetzt, ein Ganzes in seine Bestandteile zerlegt: Das Kind baut ein Häuschen aus Bauklötzen und nimmt es wieder auseinander, um dann daraus einen Autobus zu machen. Es kann ein Dreieck, ein Quadrat und einen Kreis in ein Brett mit den drei entsprechenden Öffnungen stecken. Es orientiert sich mehr an der Form der Gegenstände als an ihrer Farbe und unterscheidet zwischen einem Ding und vielen Dingen. Es kann auch schon zwei Gegenstände «zählen». Für Vergangenheit und Zukunft besitzt es noch wenig Verständnis.

♦ Sprache: Der aktive Wortschatz besteht aus rund 10 bis 40 Wörtern, der passive Wortschatz umfaßt durchschnittlich 200 bis 400 Wörter. Die Sätze zeigen jetzt schon Ansätze einer grammatikalischen Struktur. Sie enthalten ein oder mehrere Substantive, ein Verb, noch selten ein Adjektiv oder Adverbien.

Das Kind versteht fast alle Wörter, die Gegenstände aus seiner Umgebung bezeichnen. Durch eine einzige Aufforderung kann schon eine kleine Handlungskette ausgelöst werden. Der Satz «Wir wollen spazierengehen, mach dich fertig» veranlaßt das Kind, seine Schuhe, die Mütze und den Mantel zu holen und teilweise anzuziehen. Es beteiligt sich auch an Gesprächen und sagt seinen eigenen Vornamen.

♦ Handeln: Manche Kinder legen großen Wert auf eine gewisse Gleichförmigkeit: Alles muß immer am selben Platz stehen, sie wollen immer den gleichen Teller zum Essen, räumen herumliegende Dinge auf. Sie wissen, daß jedes Ding seinen eigenen Platz hat. Das Kind kann jetzt auch Dosen öffnen, Deckel abschrauben, Perlen auf einen weichen Draht auffädeln und Türme aus fünf bis acht Bauklötzen bauen. Es malt Bilder mit verschiedenen Farben, benutzt dabei aber noch beide Hände und zeichnet jeweils nur ein paar Striche auf ein Blatt. Es kann Papier schneiden und seine Haare kämmen und bürsten.

♦ Motorik: Das Kind übt sich darin, Hindernisse zu überwinden. Es kann seitwärts und rückwärts gehen und ohne Schwierigkeiten eine Treppe hinauf- und hinuntersteigen. Wenn Sie ihm Ihre Hand geben, kann es auch auf einem Fuß stehen.

♦ Soziales Verhalten: Das Interesse an Spielkameraden hat sich vergrößert. Spielzeug dient dabei zur Anknüpfung von Kontakten. Lange Zeit spielen Kinder noch nicht zusammen, gelegentlich aber nebeneinander, scheinbar ohne einander zu beachten. Das Kind paßt sein Verhalten dem anderer Kinder an.

Spielzeug wird spontan dem anderen weggenommen, manchmal, um den anderen zu ärgern.

Das Kind pocht stark auf sein Eigentum, es verteidigt seinen Platz am Tisch, es will seine eigene Spielecke haben usw. Sein Verhältnis zu Erwachsenen wird bewußter. Es weiß im allgemeinen, ob seine Handlungen Zustimmung oder Ablehnung hervorrufen.

Gegen Ende des zweiten Lebensjahres wird das Fremdeln wieder stärker, wenn das Kind wenig Kontakt zu Außenstehenden hat.

Literatur

Beck, C. H. (Redaktion/Hg.): Jugendrecht. München 1991

Beck, U.: Risikogesellschaft. Auf dem Weg in eine andere Moderne. Frankfurt/Main 1986

Bundeszentrale für gesundheitliche Aufklärung (Hg.): Selbsthilfe für Eltern. Köln 1983

Bundeszentrale für gesundheitliche Aufklärung (Hg.): Kinderspiele. Anregungen zur gesunden Entwicklung von Kleinkindern. Köln 1983

Der Bundesminister für Bildung und Wissenschaft (Hg.): Grund- und Strukturdaten 1990/91. Bad Honnef 1990

Bunderegierung, Presse- und Informationsamt (Hg.): Politik für die Familie. Bonn 1990

Der Paritätische Wohlfahrtsverband Bayern (Hg.): Soziales Netz Kinderbetreuung. München 1991

Deutsche Arbeitsgemeinschaft Selbsthilfegruppen e. V. (Hg.): Selbsthilfegruppen-Förderung. Gießen 1987

Deutscher Verein für Öffentliche und Private Fürsorge (Hg.): Tageseinrichtungen für Kinder – eine Aufgabe der Jugendhilfe. Frankfurt/Main 1990

Deutsches Jugendinstitut e. V. (Hg.): Wie geht's der Familie? München 1988

Ebert, S. (Hg.): Zukunft für Kinder. Grundlagen einer übergreifenden Politik. München – Wien 1991

Endres, W.: Geschwister ... Weinheim und Basel 1987

Friedrich, W. J.: Rechtskunde für jedermann. München 1990

Fthenakis. W. E.: Väter. 2 Bände. München 1985

Fthenakis, W. E. (Hg.): Mehr Zeit für Kinder. Auch nach Trennung und Scheidung. Frankfurt/Main 1991

Gewerkschaft Öffentliche Dienste, Transport und Verkehr (Hg.): Mehr ... für Kinder. Anstöße zur Reform der öffentlichen Kinderbetreuung. Stuttgart 1990

Katalyse e. V. – Institut für angewandte Umweltforschung Kinderernährung. Köln 1987

Klöcker, M., und U. Tworuschka (Hg.): Miteinander – was sonst? Multikulturelle Gesellschaft im Brennpunkt. Köln – Wien 1990

Kohnstamm, R.: Praktische Kinderpsychologie. Eine Einführung für Eltern, Erzieher und Lehrer. Bern 1985

Mallée, R. u. a. (Hg.): Lernziel Frieden. Eine Orientierungshilfe für die schulische und außerschulische Bildungsarbeit. Berlin 1982

Meinerzhagen, M., und N. Eckardt: Der Öko-Berater für Eltern. Reinbek 1989

Mietzel, G.: Pädagogische Psychologie. Göttingen 1975

Miller, A.: Am Anfang war Erziehung. Frankfurt/Main 1987

Müller-Kaldenberg, R.: Mütter mit Beruf. Reinbek 1990

Münch, E. M. von: Ehe- und Familienrecht von A–Z. München 1989

Mussen, P. H. u. a.: Essentials of Child Development und Personality. Cambridge u. a. 1980

Mussen, P.: Einführung in die Entwicklungspsychologie. München 1986

Nave-Herz, R. (Hg.): Wandel und Kontinuität der Familie in der Bundesrepublik Deutschland. Stuttgart 1988

Nickel, H.: Entwicklungspsychologie des Kindes- und Jugendalters. Bern 1974

Niessen, K.-H.: Ernährung des Säuglings. Stuttgart 1990

Oerter, R., und L. Montada: (Hg.): Entwicklungspsychologie, München–Weinheim 1987

Painter, G.: Baby-Schule. Gütersloh 1972

Palitzsch, D. (Hg.): Pädiatrie. Stuttgart 1990

Petersen, G.: Kinder unter 3 Jahren in Tageseinrichtungen. Band 1: Grundfragen der pädagogischen Arbeit in altersgemischten Gruppen. Köln 1989

Schenk-Danzinger, L.: Entwicklungspsychologie. Wien 1987

Schneewind, K. A. u. a.: Eltern und Kinder. Stuttgart 1983

Speichert, H., und B. Schön (Hg.): Das rororo-Elternlexikon. Reinbek 1988

Stadt Nürnberg (Hg.): Sozial-Atlas 91/92. Stadtwegweiser für Bürger und soziale Dienste. Nürnberg 1991

Stiftung Warentest (Hg.): Jahrbuch für 1991. Berlin 1991

Textor, M. R.: Familien: Soziologie, Psychologie. Eine Einführung für soziale Berufe. Freiburg im Breisgau 1991

Vester, F.: Neuland des Denkens. München 1985

Zeile, E. (Hg.): Ich habe ein behindertes Kind. München 1988

Zimmer, D. E.: Wenn wir schlafen und träumen. Die Nachtseite unseres Lebens. München 1984

Zimmer, J. u. a. (Hg.): Erziehung in früher Kindheit. Band 6: Enzyklopädie Erziehungswissenschaft. Stuttgart 1985

Bildquellennachweis

Register